"놓으면 순간에 깨달음 체험하는
팔만대장경의 핵심수행법"

대반야경

용담(법륜) 모음

도서
출판 中道

| 서 문 |

　대반야경은 팔만대장경의 핵심 수행법이 요약된 경전으로 '진여법계 진아실상 그대로가 바로 반야바라밀다로써 반야바라밀다가 바로 여래이다'라고 경에 말씀하셨으므로, 진여 실상을 바로 알면 수행의 요지를 바로 안다고 할 수 있습니다.

　나는 대반야경을 읽고 수행하면서 환희용략 하였는데, 산골의 토굴 암자인지라 때로는 소소한 일도 하면서 "자~ 수행도 하고, 일도 해야 되는데, 밖으로 일체 경계를 다 놓아 버리고 안으로 나라는 마음도 놓아버리고" 일을 하였는데, 한 시간도 안되어 진여 실상이 나타나는 체험을 하게 되었습니다.

　진여 실상은 밝은 광명으로 충만해서 있지 아니한 곳이 없으므로 "나"라는 관념과 생각과 분별이 털끝만큼도 붙어있지 않은 마치 허공과 같았습니다. 허공은 항상 천하태평하고 무사안락 하듯이 우리의 진여 실상도 그러하지요.

　부처님의 대법을 이으신 제8대 불타난제 존자께서는 깨달음의 게송에서 '허공은 안과 밖이 없나니 마음의 법칙도 그러하다. 만일 허공을 알기만 하면 그것이 자기의 진여 실상을 바로 아는 것이다'라고 하셨지요. 또 경에 '육근이 변만법계 마음과 눈·귀·코·혀·몸·뜻이 우주에 꽉 차 있고 성품은 온갖 처소에 두루하다'고 하였습니다.

일체경계란 두루 충만한 진여 실상의 작용이므로 경계 즉 마음이요, 마음 즉 경계로써 일체 경계는 진여 실상에서   다 하는 것이므로 '나'라는 것이 끼어들 필요가 없습니다. 그러므로 경에 '이해로써 알바가 아니요, 믿음만으로 미치는 바다'라고 하였고, '믿음으로 들어가는 때만이 환히 비추나니, 지음이 없는 지혜에 맡기는 것이니 이것이 바로 부처이다'라고 하였고, 선사들도 깨달음 후에 '성품에 맡겨 소요하고 인연따라 지내노라, 다만 범정이 다할 뿐 기특한 마음 따로 없다'고 하였지요. 일체 경계는 본래 공적한 진여 실상의 작용이므로 경계 또한 공한 것으로써 경에 '온갖 것은 항상 공해서 한 물건도 마음에 부칠바가 없음을 알면 그것이 옛부터 부처님들이 공부하시던 경지이다'라고 하였습니다. 그러므로 항상 일상생활 중에 일체 경계는 진여실상에서 다 하는 것인 줄 알아서 "나"라는 흔적과 자취마저 초연하다면 항상 경쾌하고 쾌활하기 그지 없을 것입니다.

경에 "나"가 있으면 항상 괴롭고, "나"가 없으면 항상 즐겁다. "나"가 있으면 참나를 등지고, 나가 없으면 두루 도 아닌 곳이 없다고 하였지요.

이 대 환희의 대 반야경은 600권으로 방대하여 일반 사람들에게 많이 알려지기에 어려움이 있으므로, 수행을 이루는데 해박하게 틀림없이 알아야 하는 수행법이기에, 우선 그 요지라도 많은 사람들에게 알려야 되겠다는 간절한 마음에서 간결한 책자로 내게 되었습니다. 보시고 부처님의 대반야경 법문에 환희용약(歡喜踊躍) 하시는 분들은 대반야경 600권이 한글대장경 스무 권으로 되어 있으니 모두 읽어 보시고 수행의 완성을 향해 환희용약하는 많은 진전이 있으시기를 간절히 간절히 기원합니다.

2019년 7월

상주 속리산 문장대 아래 동천사 용담 합장

대반야경 차례

제 1 장

대반야경
무소득품, 이행품, 부촉품

만수실리분

무소득품

『대반야바라밀다경』 571권

1

반야바라밀다는 마치 허공과 같아서 형상도 없고 모양도 없이 시방세계에 두루 하였으므로 있지 않은 곳이 없으며, 또는 허공이 온갖 희론을 여읜 것과 같이 심히 깊은 반야바라밀다도 모든 언어를 초과하며, 허공이 모든 분별을 여읜 것 같이 심히 깊은 반야바라밀다도 분별의 마음이 없다.

이행품

『대반야바라밀다경』 573권

2

　보살마하살이 깊은 반야바라밀다를 행하여 온갖 지혜의 진실한 법을 닦으면 생각과 이론을 멀리 여의어 미묘하고 형상이 없음을 알리니, 심히 깊은 이치는 관찰할 수 없어 몹시 통달하기 어려우며, 항상 머무는 고요함은 서늘함이 두루 하며, 분별이 없어 집착과 걸림이 없으며, 바른 이치에 순응하여 집착하지 않으며, 몹시 고요하고 매우 조용해서 온갖 법 가운데 위없고 같을 이도 없느니라. 만수실리야, 보살마하살이 깊은 반야바라밀다를 행할 때에 이 법다운 행을 닦으면 능히 온갖 지혜와 상응하게 되리라.

부촉품

『대반야바라밀다경』 573권

3

경을 받아 지니는 데는 10가지 법이 있으니,
첫째 쓰기요, 둘째 공양 찬이요, 셋째 남에게 줌
이요, 넷째 자세히 들음이요, 다섯째 읽음이요,
여섯째 받아지니기요, 일곱째 널리 말함이요, 여
덟째 외우기요, 아홉째 생각하기요, 열째는 닦아 익
히기니라.

4

반야바라밀다가 있는 곳은 여래가 탄생한 곳
이며, 보리를 얻은 곳이며, 법을 널리 펴는 곳이
며, 열반에 든 곳임을 알아야 하느니라.

만수실리분

『대반야바라밀다경』 574권

5

여래를 관찰 하건대 진여의 형상이어서 요동이 없고 작용이 없고, 분별할 바가 없고, 다른 분별이 없고, 방소에 의하지 않고, 있음이 아니고 없음이 아니고, 항상 함이 아니고, 아주 없음이 아니고, 삼세에 의함이 아니고, 삼세를 여읨이 아니고, 생멸거래가 없고, 물들음이 없고 물들음이 아니고, 둘이 없고 둘이 아니어서 말과 마음의 길이 끊어졌나이다. 이러한 진여의 형상으로 여래를 관찰하면 참으로 부처님을 뵙는다 하며, 여래에게 예경하고 가까이한다 하리니, 진실로 유정들을 이롭고 즐겁게 할 수 있으리이다.

6

심히 깊은 반야바라밀다를 닦아 배우는 것은 생사의 허물을 싫어하여 여의기 위함이 아니며, 열반의 공덕을 좋아하기 위해서가 아닙니다. 무슨 까닭인가 하면 이 법을 닦으면 생사도 볼 수 없거늘 하물며 싫어함이 있겠나이까? 열반도 볼 수 없거늘 하물며 좋아함이 있겠나이까? 세존이시여, 심히 깊은 반야바라밀다를 닦아 배우면 모든 법의 열등함 · 훌륭함 · 잃음 · 믿음 · 버림 · 취함을 볼 수 없나이다. 세존이시여 심히 깊은 반야바라밀다를 닦아 배우면 모든 법을 더하거나 없앨 수 없사오니 무슨 까닭인가 하면 참법계에는 더함과 없앰이 있지 않기 때문이옵니다. 세존이시여, 이와 같이 닦으면 참으로 심히 깊은 반야바라밀다를 닦아 배운다 하리이다.

또 세존이시여, 만일 반야바라밀다를 닦되 온갖 법이 더하거나 덜하지 않으면 참으로 심히 깊은 반야바라밀다를 닦아 배운다하며, 또 반야바라밀다를 닦되 온갖 법에 생멸치 않으면 참으로 심히 깊은 반야바라밀다를 닦아 배운다 하며, 또 반야바라밀다를 닦되 온갖 법에서 더함과 덜함을 보지 않으면 참으로 심히 깊은 반야바라밀다를 닦아배운다 하며, 또 반야바라밀다를 닦되 온갖 법에서 생과 멸을 보지 않으면 참으로 심히 깊은 반야바라밀다를 닦아 배운다 하겠나이다.

또 세존이시여, 반야바라밀다를 닦되 온갖 법에 대하여 생각하는 것이 없고, 많거나 적거나 바라는 것이 없고, 바라는 쪽과 바라는 바와 바라는 이에 모두 집착하지 않으면, 그것이 참으로 심히 깊은 반야바라밀다를 닦아 배운다 하며, 또 반야바라밀다를 닦되 모든 법에 예쁘고 미움과 높고 낮음이 있는 것을 보지 않으면, 그것이 참으로 심히 깊은 반야바라밀다를 닦아 배운다 하겠나이다.

또 세존이시여 선남자들이 반야바라밀다를 닦을 때에 모든 법에서 낮고 못난 것을 보지 않나니, 이른바 이것이 낮고 이것이 못난 것이라고 보지 않으면 이것이 참다운 반야바라밀다 이옵니다. 그 까닭이 무엇인가 하오면 진여·법계·

법성·실제는 낮고 못남이 아주 없기 때문이옵
니다. 만일 이와 같이 닦아 배우면 참으로 심히
깊은 반야바라밀다를 닦아 배운다 하나이다.

세존이시여 온갖 불법은 비록 위가 없는 것이
나 그 안에서는 어떤 법도 얻을 수 없으므로 불
법은 위가 없다 하나이다. 또 세존이시여, 선남
자 선여인들이 반야바라밀다를 닦으면 온갖 불
법에 머무르고자 하지 않고, 중생의 법들을 조
복하고자 하지 않나니 심히 깊은 반야바라밀다
는 모든 불법과 중생의 법을 자라게 하거나 조
복시키려 하지 않기 때문이며, 온갖 법에 분별
이 없기 때문 이옵니다. 만일 이와 같이 닦으면
참으로 심히 깊은 반야바라밀다를 닦아 배운다
하나이다.

또 세존이시여, 선남자 선여인들이 반야바라밀
다를 닦으면 모든 법에서 생각할 것과 분별할
것이 있다고 보지 않나이다.

세존이시여, 반야바라밀다는 모든 법을 분별치
않으므로 일어났나니, 이른바 중생의 법이다, 보
살의 법이다, 여래의 법이다 하고 분별하지 않나

이다.

선남자들이 심히 깊은 반야바라밀다를 닦아 배우면 모든 법에서 도무지 얻는바가 없고, 또 말하는 것도 없나니, 이른바 중생의 법성이 있다고 말하지 않고, 성문내지 여래의 법성이 있다고 말하지 않나이다. 그 까닭이 무엇인가 하면 모든 법성은 모두가 끝내 공하여 볼 수가 없기 때문이니, 만일 이와 같이 닦으면 참으로 심히 깊은 반야바라밀다를 닦아 배운다 하나이다.

또 세존이시여, 선남자들이 반야바라밀다를 부지런히 닦으면 이는 욕심세계이다, 이는 형상세계이다, 이는 적멸의 세계이다 하고 분별하지 않나이다. 그 까닭이 무엇인가 하오면 심히 깊은 반야바라밀다에는 어떤 법도 가히 멸할 수 있는 것을 볼 수 없기 때문입니다. 만일 이와 같이 닦으면 참으로 심히 깊은 반야바라밀다를 닦아 배운다 하나이다.

세존이시여, 반야바라밀다를 닦으면 온갖 법에 대하여 은인과 원수를 맺지 않나니, 무슨 까닭인가 하오면 심히 깊은 반야바라밀다는 온갖 불법에 머물지 않기 때문이며, 중생들의 법을 버리지 않기 때문입니다. 그 까닭이 무엇인가 하오면 선남자들이 반야바라밀다를 부지런히 닦으되 불법을 증득하려 하지도 않고, 중생들의 법을 부셔 없애려 하지도 않고, 온갖 법성이 평등함을 통달했기 때문이옵니다. 만일 이와 같이 닦으면 참으로 심히 깊은 반야바라밀다를 닦아 배운다 하나이다.

만수실리야, 어떤 선남자 선여인들이 이 깊은 법을 듣고 마음이 침울하지 않거나 놀라지도 않으면, 이 사람은 한 부처님이나 내지 천 부처님께 선근을 심었을 뿐만 아니라 결코 한량없고 끝없는 부처님께 선근을 심었으므로, 비로소 이렇게 심히 깊은 반야바라밀다를 듣고서도 마음이 침울하지 않고 놀라지도 않는 줄 알지니라.

7

세존이시여, 심히 깊은 반야바라밀다를 닦으며 여러 법 가운데서 머무를 곳과 머무르지 못할 곳을 찾을 수 없사오니, 이렇게 심히 깊은 반야바라밀다 법에 의하여 머무는 것이 아님을 알아야 하나이다. 무슨 까닭인가 하오면 온갖 법은 반연할 바가 없기 때문이옵니다.

세존이시여, 만일 이와 같이 닦으면 참으로 심히 깊은 반야바라밀다를 닦아 배운다 하오니, 온갖 법에 대하여 행상을 취하지 않기 때문이옵니다.

세존이시여, 이와 같이 심히 깊은 법을 관찰할지언정 모든 법의 성품과 형상은 드러나게 관찰하지 말아야 하오니, 이른바 부처의 법도 드러나게 관찰하지 말아야 하거늘 하물며 보살의 법이겠나이까? 보살의 법도 오히려 드러나게 관찰하지 말아야 하거늘 하물며 독각의 법이겠나이까? 독각의 법도 오히려 드러나게 관찰하지 말아야 하거늘 하물며 성문의 법이겠나이까? 성문의 법도 오히려 드러나게 관찰하지 말아야 하거늘 하물며 중생의 법이겠나이까? 왜냐하면 온갖 법은 성품과 현상을 여의었기 때문이옵니다.

또 세존이시여, 이와 같이 심히 깊은 반야바라밀다

에 의하여 닦으면 모든 법 가운데서 분별할 바가 없나니, 이른바 부사의 인가 부사의가 아닌 법성인가를 분별하지 않나이다. 그러므로 보살마하살들이 반야바라밀다를 수행하면 모든 법 가운데서 도무지 분별하는 바가 없어지는 줄 알겠나이다.

또 세존이시여, 이와 같이 심히 깊은 반야바라밀다에 의하여 닦으면 온갖법 가운데서 도무지 불법이다, 불법이 아니다, 부사의다 부사의가 아니다 하는 차별을 볼 수 없으니 온갖 법이 차별 없는 성품이기 때문입니다.

그러므로 어떤 유정이 이와 같이 심히 깊은 반야바라밀다를 닦아 온갖 법이 모두가 불법이니 보리에 순응하는 때문이요, 온갖 법이 모두가 부사의하니, 끝내 공인 까닭이라고 관찰하면 이 유정은 이미 백천 부처님께 가까이 하고 공양하고 공경하여 선근을 심다가 비로소 이와 같이 반야바라밀다를 수행하나이다.

또 세존이시여, 선남자 선여인들이 이와 같이 심히 깊은 반야바라밀다의 설법을 듣고 마음이 침울하거나 놀라지 않으면 이 사람은 과거에 이미 백천 부처님께 가까이 하고 공양하고 공경하여 선근을 심었으므로 이렇게 된 것을 알겠나이다.

8

또 세존이시여, 이와 같이 심히 깊은 반야바라밀다를 관찰하여 부지런히 닦으면 모든 법에서 더럽거나 청정함을 보지 않나니, 비록 보는 것이 없으나 심히 깊은 반야바라밀다를 부지런히 닦아서 언제든지 싫어하는 마음을 내지 않나이다.

또 세존이시여, 만일 이와 같이 심히 깊은 반야바라밀다를 닦으면 중생·성문·독각·보살·부처님 법에 대하여 차별의 생각이 없나니, 이러한 법들이 끝내 공함을 깨닫기 때문이옵니다.

만일 능히 이와 같이 하면 참으로 심히 깊은 반야바라밀다를 닦는다 하나이다.

9

만수실리야, 너도 불법을 구하여 나아갔던 것이 아니냐?

세존이시여, 저는 지금 어떤 법도 불법 아닌 것을 볼 수 없사온데 무엇을 구하여 나아가겠나이까?

만수실리야, 너는 불법을 이미 성취했느냐?

세존이시여, 저는 지금 불법이라 할 법을 도무지 볼 수 없거늘 무엇을 성취하겠나이까.

만수실리야, 너는 이제 집착 없는 성품을 얻은 것이 아니겠느냐.

세존이시여, 저의 지금 이대로가 집착 없는 성품이온데 어찌 집착 없는 성품이 다시 집착 없는 성품을 얻겠나이까?

만수실리야, 너는 장차 보리의 자리에 앉을 것이 아니겠느냐?

세존이시여, 부처님들도 보리의 자리에 앉는다는 이치가 없거늘 하물며 제가 능히 앉겠나이까? 무슨 까닭인가 하오면 온갖 법이 모두가 실제로써 부피를 삼고 있기 때문이니, 실제 안에

서는 앉는다는 것과 앉는 이치를 모두 얻을 수
없나이다.

세존이시여, 실제라 함은 가고 옴이 없고 참도
거짓도 아니고, 몸의 형상도 아니어서 모두 얻
을 수 없으며, 거짓 몸도 그러하나이다. 그러므
로 거짓 몸이 곧 실제이옵니다.

그 때에 사리자가 부처님께 아뢰옵되, 보살마
하살들이 이와 같이 심히 깊은 반야바라밀다의
설법을 듣고 침울하지 않거나, 놀라지 않으면
이 보살들은 결정코 보리에 나아가서 다시는 물
러나지 않으리이다.

미륵보살이 부처님께 아뢰옵되, 만일 모든 보
살이 이와 같이 심히 깊은 반야바라밀다를 듣고
마음이 침울하거나 놀라지도 않으면 이 보살들
은 이미 위없는 정등 보리에 가까워진 것이옵니
다. 무슨 까닭인가 하오면 이 보살들은 버젓이
법성을 깨달아서 온갖 분별을 떠나 큰 보리와
같아 졌기 때문이옵니다.

만수실리도 부처님께 아뢰옵되, 만일 보살들이
이와 같이 심히 깊은 반야바라밀다의 설법을 듣

고서 마음이 침울하거나 놀라지 않으면 이 보살들은 부처님과 똑같이 세간의 공경과 공양을 받으리이다. 무슨 까닭인가 하오면 온갖 법에서 진실한 성품을 깨달았기 때문이옵니다.

그때 무연려 라는 여인이 세존께 아뢰옵되, 세존이시여 어떤 유정들이 이와 같이 심히 깊은 반야바라밀다의 설법을 듣고서 마음이 침울하거나 놀라지 않으면 이 유정들은 중생의 법과 성문의 법과 독각의 법과 보살의 법과 여래의 법에 대하여 모두 반연해 생각지 않으리이다. 그 까닭이 무엇인가 하면 온갖 법이 모두 있지 않아서 반연할 이와 반연할 바가 모두 얻을 수 없음을 통달하였기 때문이옵니다.

그때에 부처님께서 사리자 등에게 말씀하셨다.

그러하니라. 너희들의 말과 같이 어떤 선남자 선여인들이 이와 같이 심히 깊은 반야바라밀다를 듣고 마음이 침울하거나 놀라지 않으면 이 선남자 선여인들은 결정코 보살의 지위에 나아가서 다시는 물러나지 않을 줄 알지니라.

10

부처님께서 만수실리에게 너는 어떤 이치를 보았기에 위없는 정등보리를 증득하려 하느냐?

세존이시여, 저는 위없는 정등보리에 마음을 머무르지도 않았거늘 하물며 증득하고자 하나이까? 저는 위없는 보리에 나아가려는 뜻이 없나이다. 그 까닭이 무엇인가 하면 보리가 곧 저요, 제가 곧 보리이기 때문이니, 어떻게 구하여 나아가겠나이까?

부처님께서 말씀하셨다. 좋은 말이다, 매우 좋은 말이다. 동자야, 너는 매우 깊은 이치의 자리를 교묘하게 연설하였다. 너는 지난 세상 부처님께 선근을 많이 심고 큰 서원을 낸지 오래되어 얻을 것 없는 자리에 의하여 갖가지 청정한 범행을 수행하는구나.

저는 어떤 법도 얻을 수 있는가, 얻을 수 없는가를 보지 않거늘 어찌 얻을 바 없음에 의하여 범행을 닦는다 하겠나이까?

11

저는 지금 보살을 보지 않고 보살의 법도 보
지 않으며, 보리를 보지 않고 보리에 나아가는
법도 보지 않으며, 보리에 나아가는 행도 보지
않으며, 보리를 증득한 법도 보지 않고 보리를
증득한 이도 보지 않습니다. 저는 이렇게 정등
각승을 보나니, 이른바 그 가운데서 도무지 보
는바가 없는 것입니다.

12

"나"라 함은 거짓으로 세운 이름뿐이니, 이는 공을 더하여 주장하는 말입니다. 나와 부처는 끝내 공하여 다만 세간을 따라 거짓으로 이름을 세운 것일 뿐이며, 보리의 이름도 거짓으로 세운 것이어서 이를 찾아 진실한 보리를 구하리라 하지 말아야 합니다. 보리의 형상은 공하여 표시할 수 없나니, 무슨 까닭인가 하면 이름과 보리 두 가지는 모두가 공하기 때문입니다. 이름이 공하기 때문에 말도 공하니, 공한 법으로써 공한 법을 표시할 수 없으며, 보리가 공한 까닭에 부처님도 공하니, 그러므로 부처라 함은 공을 주장하는 말이라 하였습니다.

또 대덕이여, 이른바 부처라 함은 가고 옴이 없고, 생멸도 있고 증득할 바와 성취할 바가 없고, 이름과 모양이 없어서 분별할 수 없고, 말과 이야기가 끊어져서 표시할 수 없거늘 미묘한 지혜를 가진 이라야 속마음으로 증득해 압니다.

이른바 모든 여래가 온갖 법이 끝내 공함을 깨달아서 큰 보리를 증득한 뒤에 세간에 순응하여 거짓 이름을 세우는 까닭에 부처라 하지만 실제로 있는 것이 아니니, 있거나 없거나를 모두 얻을 수 없기 때문입니다.

또 대덕이여, 여래께서 증득하신 지혜를 보리라 하는데 보리를 성취한 까닭에 부처라 하고 보리가 공한 까닭에 부처도 공합니다.

이 까닭에 부처라 함은 공을 더하는 말이라 하였습니다.

보리의 형상은 의식으로 알바가 아니며, 보임·들음·얻음·기억이 모두 없고, 생멸도 없어서 말하여 보일 수 없고, 들을 수 없기 때문입니다. 이렇게 보리의 성품과 형상이 공적한 것은 큰 보살들도 알지 못하거늘 하물며 이승이 알 수 있으리오. 보리의 성품과 형상도 얻을 수 없거늘 하물며 실제로 증득할 이가 있으리오.

만수실리여, 부처님은 법계를 증득하시지 않았습니까? 아닙니다. 대덕이여, 그 까닭이 무엇인가 하면 부처가 곧 법계요, 법계가 곧 부처이므로 법계가 법계를 증득할 수 없기 때문입니다.

사리자여, 온갖 법이 공한 것을 법계라 하고,

이 법계를 보리라 하나니, 법계와 보리는 모두가 성품과 형상을 여의었나이다. 이 까닭에 온갖 법이 공이라 하나니, 온갖 법의 공과 보리와 법계는 모두가 부처님의 경계에서 둘이 없고 차별이 없습니다. 둘이 없고 차별이 없기 때문에 알 수 없고, 알 수 없기 때문에 말할 수 없고, 말할 수 없기 때문에 유위와 무위와 있음과 있지 않음 따위를 시설할 수 없습니다.

13

또 사리자여, 온갖 법성도 둘이 없고 차별이 없나니, 둘이 없고 차별이 없는 까닭에 알 수 없고, 알 수 없기 때문에 말할 수 없고, 말할 수 없는 까닭에 시설할 수 없습니다. 그 까닭이 무엇인가 하면 모든 법의 본 성품은 도무지 있지 않아서 여기에 있다거나 저기에 있다거나, 이것이라거나 저것이라고 시설할 수 없습니다.

또 사리자여, 무간 지옥에 나아가는 것은 곧 부사의에 나아가는 것이며, 또 실제에 나아가는 것임을 알아야 합니다. 무슨 까닭일까요? 사리자여, 부사의와 다섯 가지 무간지옥은 모두가 실제에 나아가는 것이어서 성품에는 차별이 없기 때문입니다. 이미 실제에 나아갈 이가 없다면 이 까닭에 무간지옥이나 부사의 에도 나아갈 이가 없나니, 이런 이치에 의하여 보건대 무간지옥에 나아가는 이도 지옥에 빠지는 것이 아니요, 부사의를 닦는 이도 하늘에 태어나는 것이 아니며, 무간지옥에 나아가는 이도 긴 밤에 생사를 헤매는 것이 아니요, 부사의를 닦는 이도 끝내 열반을 증득하는 것이 아닙니다. 무슨 까닭일까요? 사리자여, 부사의와 다섯 가지 지옥은 모두가 실제에 머물러서 성품에 차별이 없나니, 남이 없고 멸함이 없고, 옴이 없고 감이 없으며, 원인이 아니고 결과가 아니며, 선도 아니요 악도 아니며, 나쁜 길에 빠지는 것이 아니고 인간과 하늘에 태어남이 아니며, 열반을 증득함이 아니고 생사에 빠지는 것이 아니기 때문입니다. 그 까닭이 무엇일까요? 사리자여, 참법계는 선도 아니고 악도 아니고 앞뒤가 없기 때문입니다.

14

보살이 보리의 자리에 앉아서도 위없는 정등보리를 증득하지 않는 인연이 있다고 말할 수도 있으니, 이른바 보리에는 조그마한 법도 위없는 정등보리라 이름 할 것이 없는 것이옵니다. 그러나 참보리의 성품은 차별이 없어서 앉으면 얻을 수 있고 앉지 않으면 버리는 것이 아니옵니다. 이 까닭에 보살이 보리의 자리에 앉아서도 보리를 증득하지 않는다 하나니, 형상없는 보리는 증득할 수 없기 때문입니다.

위없는 보리가 다섯 가지 무간지옥이요, 다섯 가지 무간지옥이 곧 보리이옵니다. 그 까닭이 무엇인가 하면 보리와 무간지옥이 모두 거짓 시설이어서 보리의 성품이 진실로 있지 않고, 증득할 수 없고, 닦아 익힐 수 없고, 뚜렷하게 볼 수 없으며, 다섯 가지 무간지옥도 그렇기 때문이옵니다.

온갖 법의 본성품은 끝내 뚜렷하게 볼 수 없어서 거기에는 깨달음과 깨달은 이가 없고, 봄과 보는 이가 없고, 앎과 아는 이가 없고, 분별

과 분별하는 이가 없고, 형상을 여의어 평등하
므로 보리라하며, 무간지옥도 그러하나이다.

　이 까닭에 보리는 증득할 수가 없거늘 큰 보
리를 증득한다고 말하거나 닦아 익힌다거나 뚜
렷이 본다고 하는 이는 뛰어난체하는 교만을 가
진 사람이옵니다.

15

여래라 함은 묘한 지혜로 진여를 증득해 아는 것이니, 묘한 지혜와 지혜 두 가지는 모두가 형상을 여의었기 때문입니다. 진여가 형상을 떠나니 진여라 할 수 없고, 묘한 지혜도 그러하여서 묘한 지혜라 하지 않나니, 묘한 지혜와 진여가 없으므로 여래도 진실하지 않습니다.

무슨 까닭인가 하면 진여와 묘한 지혜는 거짓 시설일 뿐이며, 여래도 그러하여서 둘이나 둘 아님이 아니기 때문입니다. 그러므로 묘한 지혜와 진여와 여래는 모두 거짓 이름만이 있어서 하나의 진실도 있지 않습니다. 그 까닭에 부처님을 진실로 여래라 하지 않나이다.

선서이시여 만일 참법계가 세간에 나타난다면 여래가 세간에 나타난다 하거니와, 참법계가 세간에 나타나지 않기 때문에 여래도 세간에 나타나지 않나이다.

16

부처와 유정의 마음과 온갖 법이 모두 평등하
여 부사의 하다. 복과 복 아닌 것과 온갖 법성
이 평등하다.

『대반야바라밀다경』 575권

17

부사의와 부사의 아님의 성품은 모두가 있지 않거늘 다만 말뿐인 때문이옵니다. 너는 지금 부사의한 삼매에 들어 있느냐?

세존이시여, 저는 지금 이 삼매에 든 것이 아니옵니다. 그 까닭이 무엇인가 하면 저는 이 삼매의 성품이 나와 다르다는 것을 도무지 보지 못했고, 어떠한 마음으로도 나와 이 선정을 생각한다는 사실을 보지 못했기 때문입니다.

처음 선정을 배울 때에는 먼저 부사의한 데에다 뜻을 두었다가 뒤에야 이 선정에 들게 되었고 오래오래 익히어 이루면 다시는 이 선정에다 뜻을 두지 않아도 마음대로 머무르게 되었나이다. 그 까닭이 무엇인가 하면 제가 모든 선정에서 이 미묘한 이치를 알았으므로 마음대로 출입하되 아무런 마음 다짐도 하지 않게 되었기 때문이옵니다.

18

대덕이여, 이 선정은 진실로 얻을 수 없습니다. 그 까닭이 무엇인가 하면 온갖 선정으로써 부사의인 것은 얻을 형상이 없기 때문입니다. 이 선정은 이미 부사의 한 것이었기 때문에 결정코 실제로 얻을 수 없습니다.

19

닦은 범행은 모두가 얻음 없음에 의하였다.

20

깊은 반야바라밀다는 두 생각을 멀리 떠나 머무는 바 없음에 머물렀으니, 마치 여러 부처님이 미묘하고 고요함에 머무시어 일어남이 없고, 요동이 없고, 변천이 없음으로써 머무실 곳을 삼는 것 같나이다.

심히 깊은 반야바라밀다는 있음의 법에 머무르지 않고 없음의 법에도 머무르지 않나니, 이 까닭에 그가 머무는 바는 부사의 하나이다.

심히 깊은 반야바라밀다는 온갖 법에서 도무지 나타나 움직이지 않나니 그러므로 심히 깊은 반야바라밀다가 곧 부사의 경계요, 부사의 경계가 곧 법계요, 법계가 곧 나타나 움직이지 않는 경계요, 나타나 움직이지 않는 경계가 곧 부사의 경계요, 부사의 경계가 곧 심히 깊은 반야바라밀다 임을 알 수 있나이다. 심히 깊은 반야바라밀다에는 나의 경계 즉 아계와 법계가 둘이 없고 차별이 없나니, 둘이 없고 차별이 없는 것이 곧 법계요, 법계가 곧 나타나 움직이지 않는 경계요, 나타나 움직이지 않는 경계가 곧 심히 깊은 반야바라밀다 임을 알겠나이다.

21

깊은 반야바라밀다가 곧 부사의 경계요 부사의 경계가 곧 나타나 움직이지 않는 경계요, 나타나 움직이지 않는 경계가 곧 아무것도 없는 경계요, 아무것도 없는 경계가 곧 생멸이 없는 경계요, 생멸이 없는 경계가 곧 부사의 경계이니, 부사의 경계와 여래의 경계와 "나"의 경계와 법의 경계는 둘이 없고 차별이 없나이다. 그러므로 세존이시여, 만일 이와 같이 반야바라밀다를 수행하면 큰 보리를 다시 증득하려 하지 않으리이다. 무슨 까닭인가 하오면 심히 깊은 반야바라밀다가 곧 보리이기 때문입니다.

22

세존이시여, 만일 실제로 나의 경계를 아는 이가 있으면 곧 집착 없음을 아는 것이요, 집착 없음을 알면 곧 법 없음을 아는 것이요, 법 없음을 알면 부처님은 곧 부처님의 지혜이고, 지혜는 곧 부사의 지혜이니, 부처님의 지혜로는 알 법이 없으므로 법을 알되 앎이 없다 하나이다. 그 까닭이 무엇인가 하면 이 지혜의 제 성품이 도무지 있지 않기 때문이니, 있지 않은 법으로 어떻게 참법계 안에서 이 지혜의 제 성품을 움직이겠나이까? 이미 있지 않은 것이라면 집착하는 바가 없는 것이요 집착할 바가 없다면 본체는 지혜 아닌 것이요, 본체가 지혜가 아니라면 경계가 없는 것이요, 경계가 없다면 의지할 바가 없는 것이니, 의지할 바가 없다면 머무는 바가 없고, 머무는 바가 없다면 생멸이 없고, 생멸이 없다면 얻을 수 없고, 얻을 수 없다면 나아갈 것이 없고, 나아갈 곳이 없다면 지혜로는 온갖 공덕을 짓지도 못하고, 공덕 아닌 것도 짓지 못하리라. 그 까닭이 무엇인가 하면 이것이 생각하기를 내가 공덕을 짓는 다거나 공덕 아닌 것을 짓는다 하는 일이 없기 때문이옵니다.

이렇게 분별하는 생각이 없는 지혜는 부사의한 것이니, 부사의함은 곧 부처님의 지혜입니다. 그러므로 이 지혜는 온갖 법에 대하여 취함과 취하지 않음이 없고, 과거 현재 미래도 아니며, 먼저부터 이미 난 것도 아니요, 먼저부터 아직 나지 않은 것도 아니며, 나오지도 않고 빠지지도 않으며, 항상치 않고, 아주 없음 아니어서 어떤 지혜도 이 지혜와 같을 것이 없나이다. 이 까닭에 이 지혜는 부사의 하나니, 허공과 같아서 다른 어떤 지혜도 이 지혜와 비슷할 수도 없나이다. 이 까닭에 이 지혜는 같음과 같지 않음이 모두 없나니, 그러므로 이 지혜를 비할데 없는 위없는 지혜라 하나이다. 또 어떤 지혜도 이 지혜와 상대할 것이 없기 때문에 이를 상대할 이 없으되 상대하는 지혜라 하나이다.

오래오래 닦아서 이루어지면 지음·증득함·남·다함·일어남·없어짐이 없이 안정하게 고

정되어 요동치 않나이다.

누가 이렇게 묘한 지혜를 믿고 이해하겠느냐?

세존이시여 만일 어떤 이가 열반의 법을 행하지 않고, 생사의 법도 행하지 않으며, 살가야에서 적멸의 행을 행하며, 열반에서 요동 없는 행을 행하며, 탐욕·성냄·어리석음을 끊지 않으며, 끊지 않은 것도 아니니, 그 까닭이 무엇인가 하면 이러한 세 가지 번뇌는 제 성품이 멀리 여읜 것이어서 다함과 다하지 않음이 아니며, 생사가 있는 법을 초월하지도 않고, 빠지지도 않으며, 모든 거룩한 도를 여의지도 않고, 닦지도 않기 때문이옵니다. 그러한 이라야 이 지혜를 깊이 믿고 이해 하리이다.

23

가섭아, 잘 알아야한다. 오는 세상의 비구들이 이와 같이 심히 깊은 반야바라밀다를 듣고서 믿고 이해하고 수행하되 마음이 침울치 않은 이가 있다면 그는 반드시 이 모임에서 이미 듣고 기뻐하면서 받아 지니고, 연설하고 퍼뜨렸던 사람이니라. 그런 이들은 이 법을 듣고서 기꺼이 받아 지니어 수행했기 때문에 오래지 않아서 온갖 불법을 모두 피어나게 하리라.

또 여래가 멸도한 뒤에 어떤 이가 이 경을 받아 지니고 연설하고 퍼뜨리면 그는 모두가 부처님의 위신력으로 그렇게 되도록 하셨음을 알지니라. 가섭아 잘 알아야 한다. 만일 어떤 이가 심히 깊은 반야바라밀다를 듣고 기뻐하면서 받아 지니면 그는 이미 한량없는 과거로부터 한량없는 부처님께 선근을 많이 심어 미리부터 들었던 것이요, 지금에 처음 듣는 것이 아니니라.

가섭아 잘 알아야한다. 어떤 선남자 선여인들이 만수실리가 말하는 반야바라밀다를 듣고 기뻐 날뛰면서 듣기 싫은 마음을 내지 않고, 거듭 거듭 연설해 주기를 정성껏 요청하면 이 선남자 선여인들은 과거에 이미 만수실리에게 반야바라밀다를 듣고서 기꺼이 받아 지니어 닦아 배웠으며, 또 만수실리에게 가까이 하여 공경공양 하였으므로 이렇게 되느니라.

24

만수실리야, 잘 알아야 한다. 심히 깊은 반야
바라밀다를 환하게 요달 하는 것은 곧 온갖 불
법을 환하게 요달 하여서 진실하고 부사의 한
일을 통달하는 것이니라.

만수실리야, 어떤 선남자 선여인들이, 부처가
말하기를 '여래는 모든 불법을 증득하지 못한다'
는 비밀한 이치를 알고자 하여도 이와 같이 심히
깊은 반야바라밀다를 배워야 하나니, 무슨 까닭인
가. 증득한 불법과 증득하는 이를 모두 얻을 수
없기 때문이니라.

25

만수실리 동자가 부처님께 사뢰었다.

제가 이와 같은 반야바라밀다를 관찰하건대, 형상이 없고, 작위가 없고, 모든 공덕이 없고, 생멸이 없고, 가고 옴이 없고, 들고 남이 없고, 알음과 봄이 없고, 본체와 작용이 없으며, 조작하는 이도 아니며, 마음도 경계도 아니고, 중생의 법이나 성문의 법이나 독각 보살의 법이 아니고, 여래의 법이 아니며, 증득함도 증득하지 않음도 아니며, 얻음도 얻음이 아님도 아니며, 다함도 다함이 아님도 아니며, 생사에 들음도 아니요 생사에서 벗어남도 아니며, 열반에 들음도 아니요 열반에서 나옴도 아니며, 모든 불법을 이루지도 않고 파괴하지도 않으며, 온갖 법을 짓는 것도 짓지 않는 것도 아니며 부사의도 아니요 부사의가 아닌 것도 아니어서 온갖 분별을 여의고 모든 희론을 떠났나이다.

만수실리야, 선남자들이 만일 이렇게 알면 그것이 곧 심히 반야바라밀다를 진실하게 닦아 배우는 것이니라. 또 만수실리야, 만일 보살마하살이 보살의 수승한 삼매를 배우고자 하거나, 보살의 수승한 삼매를 이루고자 하거나, 이러한 삼매에 머물러서 여러 부처님을 뵈옵고 부처님의 명호를 알고, 또 그러한 부처님들의 세계를 뵈옵고는 모든 법의 실상을 증득하고 연설하기에 장애가 없고자 하거든, 이와 같이 심히 깊은 반야바라밀다를 배우되 밤낮으로 부지런히 하여 게을리 하지 말지니라.

26

무슨 까닭에 심히 깊은 반야바라밀다라 하나이까?

심히 깊은 반야바라밀다는 형상이 없고, 이름이 없고, 끝이 없고, 짬이 없고, 귀의할 곳이 없으며, 생각해서 따질 경계가 아니요, 죄가 아니요, 복이 아니요, 어둠이 아니요, 밝음도 아니어서 맑은 허공과 같고, 참 법계와 꼭 같으며, 분류와 수량을 도무지 얻을 수 없나니 이러한 갖가지 인연이 있으므로 심히 깊은 반야바라밀다라 하느니라.

또 만수실리야, 심히 깊은 반야바라밀다는 보살들의 심히 깊은 수행 과정이니, 만일 보살들이 이 과정을 행하면 모든 경계를 모두 통달하리라. 이러한 수행과정은 아무 근기나 행할 바가 아니니, 그 까닭이 무엇인가? 이러한 수행과정은 이름도 형상도 없어서 분별할 바가 아니기 때문이니라. 그러므로 아무 근기나 행할 바가 아니라 하느니라.

27

보살마하살들이 어떤 법을 수행하여야 위없는 정등보리를 빨리 증득하겠나이까?

만일 보살 마하살이 깊은 반야바라밀다를 행하되 게을리 하는 마음이 없으면 위없는 정등보리를 빨리 증득하느니라. 또 만수실리 동자야, 보살마하살이 일상 장엄 삼매를 바르게 수행하면 위없는 정등보리를 빨리 증득 하느니라.

만수실리야 보살마하살이 법계에서 요동치 아니하면서 참 법계는 요동할 수 없고 부사의하고 희론할 수 없는 줄 알면 이런 이라야 능히 일상 장엄 삼매에 드느니라.

만수실리야, 선남자 선여인들이 이러한 삼매에 들고자하면 시끄러움을 떠나 비고 고요한 곳으로 가서 가부좌를 맺고 앉아 다른 생각은 하지 말고, 오직 온갖 유정을 이롭게 하려는 생각만을 하며, 어느 한 부처님께 전일하게 생각을 매어 두고, 그 명호와 모습과 위의를 잘 기억해서 상상하며, 어디에서든지 몸을 단정히 하고 똑바로 향하여 이 한 부처님만을 생각하되, '이것이

곧 삼세의 부처님을 두루 관찰하는 것이다' 해
야 하느니라. 그 까닭이 무엇이겠느냐? 만수실
리야, 한 부처님이 가지신 한량없고 끝없는 공
덕과 변재들은 삼세의 모든 부처님들이 하나의
진여에 의하여 큰 보리를 증득 하신 것과 차별
이 없기 때문이니라.

　만수실리야, 만일 선남자 선여인들이 부지런히
닦아 배워서 이와 같은 일상 장엄 삼매에 들면
한량없고 끝없는 강가강의 모래 같이 많은 부처
님의 법계가 차별 없는 모습임을 두루 통달할
것이며, 한량없고 헤아릴 수 없는 강가강의 모
래같이 많은 부처님과 보살이 이미 굴리었거나
아직 굴리지 않은 위없는 법 바퀴를 다 지니리
라. 이와 같은 일상 장엄 삼매를 얻으면 지식과
지혜의 힘이 모두 부사의하여 한량없고 헤일 수
없는 강가강의 모래 같이 많은 부처님들이 위없
는 법 바퀴를 다 받아 지니며, 또 낱낱 법문에
서 심히 깊은 이치를 요달하고서 연설하고 보이
는 변재가 다 함이 없어, 아난보다 백천 곱이나
훌륭하리라.

　동자야, 보살승의 선남자들이 일상장엄 삼매를

부지런히 닦아 배우는 이는 항상 생각하되 '나
는 어찌 하여야 부처님들의 법계를 두루 통달해
서 온갖 위없는 법 바퀴를 받아 지니고 모든 유
정들에게 큰 이익을 주겠는가?' 하나니, 이 까닭
에 이 삼매를 얻을 때에 끝없이 훌륭한 공덕을
얻느니라.

28

그대들이 나의 설법을 듣고자 하거든 의당 이러한 마음을 내라. 이제 듣는 법은 허공의 새 발자국 같고, 석녀의 아기와 같으니, 이래야 내 설법을 들으리라.

나의 말한 설법이 두 생각을 여의었기 때문이니, 그대들은 "나"라는 생각을 무너뜨리지 말고, 모든 소견을 일으키지도 말고, 여러 부처님의 법을 바라지도 말고, 중생의 법에서 변천 요동하기를 좋아 하지도 말라. 무슨 까닭인가? 두 법의 형상이 공하여 취하고 버릴 것이 없기 때문이다.

29

어떤 유정이 온갖 선정에 익숙해지고자 하면 이와 같이 심히 깊은 반야바라밀다를 배워야 하며, 어떤 유정이 모든 법은 오직 거짓 시설이어서 진실함이 없음을 통달하고자 하여도 심히 깊은 반야바라밀다를 배워야 하며, 온갖 법이 곧 보리요 보리가 곧 모든 법의 진실한 성품이므로 온갖 유정이 모두가 법을 행하는 이 뿐이요, 법을 버리는 이가 없으니 모든 지어감이 공하므로 물러나는 이가 없느니라.

만일 온갖 법성이 곧 보리요, 온갖 보리가 곧 법계인줄 통달하면 이는 실제이니, 실제는 곧 공이어서 물러나려는 마음이 없느니라. 반드시 이렇게 하여 심히 깊은 반야바라밀다를 배울 지니라.

만수실리야, 심히 깊은 반야바라밀다는 모든 부처님의 부사의한 작용을 드러내어서 유정들을 이롭게 하나니, 이는 곧 여래께서 유희하시는 곳이기도 하느니라. 그 까닭이 무엇인가 하면 심히 깊은 반야바라밀다는 드러내 보일 수 없고, 연설할 수 없으니, 이는 실패가 없는 법이기 때문이니라. 오직 여래만이 여실히 깨달으셔서 방편 선교로 유정들에게 연설하시느니라.

30

만수실리야, 만일 어떤 유정이 이와 같이 심히 깊은 반야바라밀다를 듣고 마음이 침울하거나 놀람이 없이 기꺼이 받아 지니면 이 무리는 모든 불법을 반드시 증득하여 모든 여래께서 인가하여서 제자로 삼으시는 혜택을 받으리라.

만수실리야, 어떤 선남자 선여인들이 여래의 위없는 법 도장, 즉 깊은 반야바라밀다를 받아 지니면 한량없는 복을 얻나니, 이러한 법 도장은 모든 여래 · 응공 · 정등각께서 함께 보호하시는 바이며, 여러 아라한과 보살의 지혜를 가진 이와 하늘의 신선들이 같이 수호하는 바이니, 만일 보살승의 선남자들이 이 법 도장으로 도장을 찍히면 온갖 나쁜 길을 벗어날 것이며, 성문이나 독각들은 위없는 정등보리를 증득 하리라.

그 때에 제석 천왕이 다시 서원을 세웠다. 남섬부주의 유정들이 항상 반야바라밀을 듣고 기꺼이 받아 지니어 불법을 성취하여 지이다. 저희들은 언제나 그들을 옹호해서 받아 지니는 이에게 장애가 없게 하리니, 유정들이 공력을 적게 들이고, 이 경을 듣게 되어 받아 지니고, 외우는 것은 모두가 하늘 무리들의 위력임을 알게 되어 지이다.

제석 천왕아, 지금 너는 좋은 서원을 잘 세웠다. 만일 어떤 이가 이 경을 듣고 기뻐하면서 받아 지니면 모든 불법을 성취하여 결정코 위없는 정등보리에 나아가리라.

누구든지 이 법을 부지런히 배우면 온갖 장애가 모두 소멸하리라.

제 2 장

대반야경

나가실리분

나가실리분

『대반야바라밀다경』 576권

1

온갖 법의 본 성품이 비고 고요함이 마치 허공과 같아서 파괴함과 끊음이 없거늘 내가 무엇을 끊으리요. 여러 하늘의 마군과 범왕과 세간의 사문·바라문도 파괴하지 못하나니, 그 까닭이 무엇인가 하면, 모든 법의 제 성품은 허공의 경계와 같아서 끝내 공하므로 요동시킬 수 없고 파괴할 수 없기 때문입니다.

온갖 법은 화합도 아니요 흩어짐도 아니어서 제 성품이 모두 공하고, 나와 내 것을 모두 여의어서 제 성품이 모두 공하고, 나와 내 것을 모두 여의어서 허공계와 같고, 말함과 보임과 칭찬과 헐뜯음이 모두 없고, 높음과 낮음과 손해와 이익이 모두 없고, 상상할 수 없고, 따질 수 없으며, 성품이 모두 비고 고요하여 끝내 모두가 공하며, 요술 같고 꿈같아서 상대와 비교가 없거늘 어찌 그에 대하여 분별을 일으키겠습니까.

2

온갖 법은 모두가 진실치 않아서 모두가 메아리 같고 이름과 형상이 없어서 집착할 바가 없거늘 이에 대하여 집착함이 있으면 희론을 하는 것이니 만일 희론을 하면 생사에 헤매 입니다. 그들은 메아리 같은 온갖 법에서 여실히 알지 못하므로 다툼이 일어나고, 다툼이 일어나기 때문에 마음이 요동하고, 마음이 요동하기 때문에 온갖 미혹이 많고, 미혹이 늘어나기 때문에 여러 길에 헤맵니다. 그러므로 세존께서도 몸소 밤낮으로 비구들에게 가르치고 경계 하시기를 '너희들 비구야, 희론을 일삼지 말고 내가 연설한 적멸의 법 가운데에서 항상 자세히 생각하고 잘 관찰하여 얻음 없는 법의 지혜를 부지런히 닦아 익히라' 하셨습니다.

이와 같이 능인 적묵 대성 법왕께서 말씀하시기를 '모든 법은 공하여 본 성품이 고요하고, 물들음·얻음·의지하여 머무는 바가 모두 없으니, 능히 여실히 알면 생사를 벗어나서 결정코 보리와 열반을 얻는다' 하셨습니다.

3

온갖 법이 모두가 허깨비 같음을 요달하면 의당 본래부터 이미 위없는 정등보리를 증득한 것이겠지만 유정들이 모두가 허깨비 같음을 통달하지 못한 까닭에 여러 생사의 길로 헤맵니다.

모든 법은 비록 허깨비 같으나 어리석은 유정들은 알지 못하고, 있지 않은 것을 있다고 여기고 무상한 것을 항상 하다고 계교하여, 모든 법에서 갖가지로 분별하되, 혹은 물질을 분별하고, 혹은 유위·무위·유루·무루 등 이렇듯 갖가지 종류로 분별합니다. 깨달음의 지혜가 요동치 않으면 법성이 공하여 이름·형상·의지함·머무름·취함·집착함·걸림·집착 따위가 없어 허공과 같음을 알매, 아라야도 없고, 탐욕도 없어 위없고 가장 고요함을 알며, 생멸·염정·성괴가 없고, 유와 무도 아님을 알게 됩니다. 이 까닭에 거기에서 심히 깊은 법 지혜를 성취하여 언제나 여러 부처님의 묘한 법은 성품을 여의고 형상을 여의어서 시설할 수 없고, 설명할 수 없고, 표시할 수 없어 마치 허공과 같이 유정들에게 두루 하였습니다. 마치 큰 말뚝이 매우 견고히 박혔으면 소들이 요동시키지 못하는 것 같이 보살들이 이미 끝내 공한 법과 얻을 바 없는 법에 견고히 머무르기 때문에 온갖 유정들이 그를 요동시켜 깨달음과 깨달을 바와 보리의 자리를 여의게 하지 못합니다.

4

온갖 법은 공하여 제 성품이 없고 제 모양도 공합니다. 이와 같이 모든 법은 형상과 상대함과 빛과 보임이 모두 없어서 허공과 같거늘 어떻게 온갖 법의 얻을 바 없는 지혜를 얻겠습니까? 만일 온갖 법의 얻을 바 없는 지혜에 일어난다는 이치가 있으면, 메아리·그림자·거품·물방울·아지랑이·파초·요술·꿈속·허깨비·거울속의 그림자·허공 경계에 대한 지혜에도 일어나는 이치가 있어야 하겠습니다. 그 까닭이 무엇인가 하면 허공 등에 대한 지혜에 다른 이치가 있다면 옳지 못하기 때문입니다. 만일 보살마하살이 이러한 설법을 듣고 놀라거나 겁내거나 의심하거나 마음이 침울하지 않으면 이는 곧 보살의 위없는 법의 지혜입니다.

5

만일 보살들이 생각하되 '나는 모든 법의 본 성품을 다 안다' 하면 이는 얻을 바 있음을 행하는 것입니다. 또 보살이 생각하되 '나는 모든 법을 모두 깨달아 안다' 하면 이는 얻을 바 있음을 행하는 것입니다.

또 보살들이 생각하되 '나는 여러 유정들을 구제 하리라' 하면 이는 얻을 바 있음을 행하는 것입니다. 또 유정들이 생각하되 '나는 보리를 증득하리라' 하면 이것은 얻을 바 있음을 행하는 것입니다. 또 보살들이 생각하되 '나는 반드시 위없는 법 바퀴를 굴리리라' 하면 이것은 얻을 바 있음을 행하는 것입니다.

또 보살들이 생각하되 '나는 보시·계율·참음·정진·선정·반야바라밀다를 행한다' 하면 이는 얻을 바 있음을 행하는 것입니다. 그러나 보살은 얻을 바 있음을 행하지 않기 때문에 법의 지혜를 얻지 못하여도 차별이 있지 않습니다.

6

만일 보살들이 모든 법에 집착이 없으면 그것은 닦아 배워서 보리의 행에 나아가는 것이요, 또 보살들이 모든 법에서 자제하는 일이 없으면 그것이 닦아 배워서 보리의 행에 나아가는 것이요. 또 보살들이 모든 법은 뭇 인연에 의해 이루어 졌을 뿐 공하여 제 성품이 없고, 나와 내 것이란 집착을 여읜 것으로 관찰하면 그것이 닦아 배워서 보리의 행에 나아가는 것이요. 또 보살들이 수행을 하기는 하나 행한다는 생각이 없으면 그것이 닦아 배워서 보리의 행에 나아가는 것입니다.

마치 어떤 사람이 꿈속에 여러 곳을 왕래하여도 가고 오고 다니고 멈추고 앉고 누움이 없으며, 또 진실로 다니는 자리가 없는 것 같이 보살들도 그러하여서 비록 깨 있을 때에 수행하는 일이 있지만 행한다는 생각이 없으며, 수행하는 행의 본 성품이 모두 공함을 관찰하여 모든 법 가운데서 집착함이 없고, 온갖 법이 형상과 모

양이 없고, 아라야도 없고, 탐욕도 없어서 허공
과 같이 본 성품이 공적합니다. 만일 보살들이
이와 같이 수행하여 집착이 없고 희론을 떠나면
이는 하늘과 인간들의 참되고 밝은 복밭 이어서
세간의 공경과 공양을 받을 만합니다.

7

이미 모든 법의 성품이 공함을 요달하면 다시는 생사하는 여러 길에 헤매이지 않고 희론을 떠나 분별이 없게 되며, 온갖 법에서 머무를 바 없는데 머무르며, 의지함 물들음 들어감 나감이 모두 없어 끝내 해탈하여 분별이 영원히 없습니다.

용길상 보살이 이르되, 존자께서 말씀하신 바와 같이 법계가 나타났습니다.

묘길상 보살이 이르되 참다운 법계에는 형상을 여의어 고요하므로 나옴·빠짐이 없고, 분별할 수 없고, 희론 할 수 없고, 의지함·머무름·취함·버림이 없고, 요동·변함·물들음·깨끗함이 없기 때문입니다. 마치 허공의 경계가 요동·변함·취함·버림·의지함·머무름이 없고, 희론 할 수 없고, 분별할 수 없고, 벗어남이 없고, 빠짐이 없는 것 같이 모든 법도 의례히 모양이 본래 공하고 성품도 형상이 있는 것이 아니어서 얻을 수 없나니, 만일 모든 법의 형상이 얻을 수 있는 것이라면 이미 열반에 드신 부처님도 얻을 수 있어야 하기 때문입니다.

　온갖 법은 아라야도 없고, 탐욕도 없고, 빛·보임·상대·형상들도 없어서 본래 적멸합니다. 누구든지 분별없는 마음으로 멀리 여읨에 순종하고, 멀리 여읨에 나아가고, 멀리 여읨에 이르러 가면, 이런 이는 능히 모든 법을 여실히 압니다. 모든 법은 메아리 같아서 모두가 진실이 아니니 그 메아리가 어찌 이야기를 하겠습니까. 구수 선현이 이 말을 듣고 얻을 바 없음의 삼매에 들었다.

제 3 장

대반야경

능단금강분

능단금강분

『대반야바라밀다경』 577권

1

보살은 도무지 머무는 바 없이 마음을 내야 하나니 빛에 머무르지 않고 마음을 내야하며, 빛 아님에도 머무르지 않고 마음을 내야하며, 소리·향기·맛·닿임·법에 머무르지 않고 마음을 내어 도무지 머무는 바 없이 마음을 내야 하느니라. 나는 그때 생각도 전혀 없었고 생각 아닌 것도 전혀 없었느니라. 그러므로 선현아, 보살마하살들은 온갖 망상을 멀리 여의고 아뇩 다라삼먁삼보리의 마음을 낼지니라.

2

여래라 함은 진실과 진여를 드러내는 말이며, 생멸 없는 법성을 드러내는 말이며, 끝내 생멸치 않음을 드러내는 말이니라. 무슨 까닭이겠느냐?

선현아, 생멸이 없으면 곧 가장 훌륭한 진리이기 때문이니라. 선현아, 만일 어떤 이가 말하기를 '여래 · 응공 · 정등각이 아뇩다라삼먁삼보리를 증득한다' 하면 이 말은 진실치 않은 줄 알라. 무슨 까닭이겠느냐? 그는 나를 비방하고 또 진실치 않은 집착을 일으키기 때문이니라. 왜 그렇겠느냐? 선현아, 조그마한 법도 여래 · 응공 · 정등각께서 아뇩다라삼먁삼보리를 증득할 것이 없기 때문이니라.

선현아, 여래가 현재에 평등하게 깨달은 법과 말하는 법과 생각하는 법은 그 안에 진실도 허망도 없나니, 그러므로 여래는 말하기를 온갖 법이 모두가 불법이라 하노라. 선현아, 온갖 법이라 하는 온갖 법은 여래가 말하기를 온갖 법이 아니라 하노니, 그러므로 여래가 말하기를 온갖 법을 온갖 법이라 하느니라.

3

선현아, 어떤 조그마한 법이라도 보살이라 할 것이 있겠느냐? 아니옵니다. 세존이시여 조그마한 법도 보살이라 할 것이 없나이다.

4

만일 보살들이 나 없는 법에서 나 없는 법을 깊이 믿어 이해하면 여래·응공·정등각은 그를 보살이라 하느니라.

5

선현아, 만일 어떤 이가 말하기를 여래가 설법
한 것이 있다면 이는 나를 비방하는 것이요, 잘
받아들인 것이 아니니라. 무슨 까닭이겠느냐?

선현아, 설법을 설법이다 하는 것은 어떤 법도
얻을 것이 없는 것이므로 설법이라 하기 때문이니
라.

6

　네 뜻에 어떠하냐? 조금마한 법이라도 여래·
응공·정등각이 위없는 정등 보리를 증득한 것
이 있겠느냐?

　세존이시여, 제가 부처님의 말씀을 알기에는
조그마한 법도 여래·응공·정등각께서 위없는
정등보리를 증득한 것이 없나이다. 그러니라, 그
러니라. 거기에는 조그마한 법도 있지 않고 얻
음도 없는 까닭에 위없는 정등보리라 하느니라.

제 4 장

대반야경
반야이취분

반야이취분 [1]

『대반야바라밀다경』 578권

1

모든 소견이 영원히 고요해 져서 청정하다는 구절의 이치가 보살이란 구절의 이치요.

물질·느낌·생각·지어감·의식이 공적하여 청정하다는 이치가 보살이란 구절의 이치요,

눈·귀·코·혀·몸·뜻이 공적하여 청정하다 는 이치가 보살이란 구절의 이치요.

빛·소리·향기·맛·닿임·법이 공적하여 청정 하다는 구절의 이치가 보살이란 구절의 이치요.

물·불·바람·허공·의식·요소의 경계가 공적하여 청정하다는 구절의 이치가 보살이란 구절의 이치요.

---

1) 이취 = 뜻, 이치

괴로움·쌓임·사라짐·도의 진리가 공적하여 청정하다는 구절의 이치가 보살이란 구절의 이치이다.

무명·의식·물질과 이름들·여섯 감관 닿임·느낌·욕망·잡음·존재·태어남·늙음·죽음이 공적하여 청정하다는 구절의 이치가 보살이란 구절의 이치요.

진여·법계·법성·허망치 않은 성품·평등한 성품·생멸을 여읜 성품·실제·허공계·부사의 경계가 공적하여 청정하다는 구절의 이치가 보살이란 구절의 이치이니라.

공·해탈문이 공적하여 청정하다는 구절의 이치가 보살이란 구절의 이치요.

온갖 지혜가 공적하여 청정하다는 이치와 온갖 보살의 행이 공적하여 청정하다는 구절의 이치가 보살이라는 구절의 이치요.

여러 부처님의 위없는 정등보리가 공적하여 청정하다는 구절의 이치가 보살이란 구절의 이치요.

온갖 선악과 유위·무위·세간·출세간·법들이 모두 공적하여 청정하다는 구절의 이치가 보살이란 구절의 이치이었다.

그 까닭이 무엇인가 하면 온갖 법은 제 성품

이 공하므로 제 성품이 멀리 여의었고, 멀리 여
윈 까닭에 제 성품이 고요하고, 고요한 까닭에
청정하고, 청정한 까닭에 심히 깊은 반야바라밀
다도 지극히 청정하니, 이러한 반야바라밀다는
곧 보살이란 구절의 이치이므로 보살들은 모두
가 배워야 하는 것이었다.

　만일 어떤 이가 이와 같은 온갖 법에서 심히
깊고 미묘한 반야 이취의 청정 법문을 듣고 깊
은 믿음으로 받아들이는 이는 끝내 묘한 보리의
자리에 앉을 것이며, 온갖 장애와 가리움에 물
들지 않으리니, 이른바 번뇌장·업장·보장이
아무리 많이 쌓였어도 물들지 않고, 갖가지 극
중 한 악업이 아무리 많이 쌓여도 쉽게 사라져
서 나쁜 길에 빠지지 않느니라.

　또 어떤 이가 받아 지니고 날마다 읽고 외워서
끊임없이 정진하고 이치와 같이 생각하면 그는
결정코 이 생애 일체법 평등성 금강 등지를 얻어
온갖 법에서 모두 자유롭게 되고, 항상 온갖 수
승하고 묘하고 기쁜 쾌락을 받을 것이며, 열여섯
생을 지나면서 큰 보살로 있다가 결정코 여래의 집
금강성을 얻어 위없는 정등보리를 빨리 증득 하리라.

2

온갖 탐욕은 본 성품이 청정하여 지극히 밝게 비치는 까닭에 세간의 성냄 등을 청정하게 하며, 온갖 성냄의 본 성품이 청정하여 지극히 밝게 비치는 까닭에 세간의 어리석음이 청정하게 하며, 온갖 어리석음의 본 성품이 청정하여 지극히 밝게 비치는 까닭에 세간의 의혹이 청정케 하며, 온갖 의혹의 본 성품이 청정하여 지극히 밝게 비치는 까닭에 세간의 소견들이 청정케 하며, 온갖 소견의 본 성품이 청정하여 지극히 밝게 비치는 까닭에 세간에 교만들이 청정케 하며, 온갖 교만의 본 성품이 청정하여 지극히 밝게 비치는 까닭에 세간의 얽매임이 청정케 하며, 온갖 얽매임의 본 성품이 청정하여 지극히 밝게 비치는 까닭에 세간의 때 묻음이 청정케 되고, 온갖 때 묻음의 본 성품이 청정하여 지극히 밝게 비치는 까닭에 세간의 나쁜 법이 청정케 되고, 세간의 온갖 나쁜 법의 본 성품이 청정하여 지극히 밝게 비치는 까닭에 세간의 생사가 청정케 되고, 온갖 생사의 본 성품이 청정하여 지극히 밝게 비치는 까닭에 세간의 모든 법이 청정케 하고, 온갖 법의 본 성품이 청정하여 지극히 밝게 비치는 까닭에 세간의 유정들이 청정케 되고, 온갖 유정의 본 성품이 청정하여 지극히 밝게 비치는 까닭에 세간의 온갖 지혜가 청정케 되고, 온갖 지혜의 본 성품이 청정하여 지극히 밝게 비치는 까닭에 심히 깊은 반야바라밀다도 가장 청정하다는 것이었다. 만일 어떤 이가 이와 같은 반야바라밀다의 청정한 이취를 듣고서 믿고 이해하여 받아 지니고 읽고 외우고 닦아 익히면 아무리 온갖 탐냄·성냄·어리석음 따위 객진번뇌 속에 있더라도 연꽃처럼 온갖 객진번뇌의 허물에 물들지 않고, 항상 보살의 수승한 행을 닦아 익혀서 빨리 위없는 정등보리를 증득하리라.

3

반야바라밀다는 온갖 여래께서 머무르시고 지니시는 지혜 도장이라는 심히 깊은 이취의 금강 법문이다.

만일 어떤 이가 이와 같은 지혜 도장인 심히 깊은 이취의 금강 법문을 듣고서 믿고 받아 지니고 읽고 외우고 닦아 익히면, 온갖 사업을 이루어 마치고, 항상 훌륭한 일에 어우르게 되며, 수행하려는 온갖 훌륭한 지혜와 온갖 훌륭한 복업이 모두 속히 원만해 지며, 가장 훌륭한 몸·말씨·마음을 받되, 마치 금강과 같아서 파괴할 수가 없고, 위없는 정등보리를 빨리 증득하리라.

4

세존께서 온갖 희론법이 없는 여래의 모습에 의하여 보살들에게 심히 깊은 이취의 윤자 법문을 말씀해 주시니 온갖 법이 공하니 성품이 없는 까닭이요, 온갖 법은 형상이 없으니 형상이 없는 까닭이요, 온갖 법은 멀리 여읨이니 집착한 바가 없는 까닭이요, 온갖 법은 고요하니 영원히 적멸한 까닭이요.

온갖 법은 무상하니 성품이 항상 무상한 까닭이요. 온갖 법은 즐거움이 없으니 즐거워 할 바가 아니기 때문이요. 온갖 법은 얻을 수 없으니 그 성품을 추구해도 믿을 수 없기 때문이요. 온갖 법은 부사의하니 그 성품을 궁구해도 있지 않기 때문이요. 온갖 법은 있지 않으니 뭇 인연이 거짓으로 화합 시설된 때문이요. 온갖 법은 희론이 없으니 본 성품이 공적하여 언어를 떠난 까닭이요. 온갖 법의 본 성품은 깨끗하니 심히 깊은 반야바라밀다의 본 성품이 청정한 까닭이라 함이 있다. 부처님께서 말씀하시되 만일 어떤 이

가 이 희론 없는 반야 이취의 윤자 법문을 듣고
서 믿고 받아 지니고 읽고 외우고 닦아 익히면
온갖 법에서 걸림 없는 지혜를 얻고 빨리 위없
는 정등보리를 증득하리라.

5

　온갖 유정의 있지 않은 성품이 곧 분함의 있지 않은 성품이니 그 까닭이 무엇인가 하면 온갖 유정의 참된 조복의 성품이 곧 위없는 정등보리이며, 반야바라밀다이며, 부처님들의 온갖 지혜의 지혜인 때문이다. 만일 어떤 이가 이와 같은 잘 조복시키는 반야 이취의 지혜 창고인 법문을 듣고서 믿고 받아 지니고 읽고 외우고 닦아 익히면 능히 스스로의 성냄 따위 허물을 잘 조복시키고 온갖 유정을 조복시키며, 항상 좋은 길에 태어나서 묘한 쾌락을 받으며, 현세의 원수가 모두 인자한 마음을 일으키며, 모든 보살의 행을 잘 수행하여 위없는 정등보리를 빨리 성취하리라.

6

반야바라밀다는 온갖 법의 성품이라는 심히 깊은 이취의 최승 법문을 연설하시니 온갖 유정의 성품이 평등한 까닭에 심히 깊은 반야바라밀다도 성품이 평등하고 온갖 법성이 평등한 까닭에 심히 깊은 반야바라밀다의 성품도 평등하며, 온갖 유정이 진여인 까닭에 심히 깊은 반야바라밀다도 진여이며, 온갖 법이 진여인 까닭에 심히 깊은 반야바라밀다도 진여이며, 온갖 유정이 법계인 까닭에 심히 깊은 반야바라밀다도 법계이며, 온갖 법이 법계인 까닭에 심히 깊은 반야바라밀다도 법계이며, 온갖 유정이 법성인 까닭에 심히 깊은 반야바라밀다도 법성이며 온갖 법이 법성인 까닭에 심히 깊은 반야바라밀다가 법성이며, 온갖 유정이 실제인 까닭에 심히 깊은 반야바라밀다도 실제이며, 온갖 법이 실제인 까닭에 심히 깊은 반야바라밀다도 실제이니라. 온갖 유정이 본래 공인 까닭에 심히 깊은 반야바라밀다도 공이며, 온갖 법이 본래 공인 까닭에

심히 깊은 반야바라밀다도 본래 공이며 온갖 유
정이 형상이 없으므로 심히 깊은 반야바라밀다
도 형상이 없으며, 온갖 법이 형상이 없으므로
심히 깊은 반야바라밀다도 형상이 없으며, 온갖
유정이 고요함이므로 심히 깊은 반야바라밀다도
고요함이며, 온갖 법이 고요함이므로 심히 깊은
반야바라밀다도 고요함이니라. 온갖 유정이 얻
을 수 없음이므로 심히 깊은 반야바라밀다도 얻
을 수 없음이며, 온갖 법이 얻을 수 없음이므로
심히 깊은 반야바라밀다도 얻을 수 없음이며,
온갖 유정이 있지 않으므로 심히 깊은 반야바라
밀다도 있지 않으며, 온갖 법이 있지 않으므로
심히 깊은 반야바라밀다도 있지 않으며, 온갖
유정이 부사의 함으로 심히 깊은 반야바라밀다
도 부사의 하며, 온갖 법이 부사의 함으로 심히
깊은 반야바라밀다도 부사의 이며, 온갖 유정이
희론이 없는 까닭에 심히 깊은 반야바라밀다도 희
론이 없으며, 온갖 법이 희론이 없는 까닭에 심히
깊은 반야바라밀다도 희론이 없다는 것이었다.
　만일 어떤 이가 이와 같이 평등한 반야 이취

의 최승 법문을 듣고서 믿고 받아 지니고 읽고
외우고 닦아 익히면 평등한 법성인 심히 깊은
반야바라밀다를 통달하여서 법과 유정에 대해
걸리는 바가 없으며, 위없는 정등보리를 속히
증득하리라.

7

세존께서 심히 깊은 이취인 승장법문을 말씀
해 주시니, 이른바 유정은 모두가 여래장이니
보현보살의 자체가 두루 한 까닭이요, 온갖 유
정은 금강장이며, 정법장이며, 묘업장 이나이다.

8

심히 깊은 반야바라밀다가 끝이 없는 까닭에
온갖 여래도 끝이 없고, 심히 깊은 반야바라밀
다가 한 맛인 까닭에 온갖 법도 한맛이며, 심히
깊은 반야바라밀다가 끝까지인 까닭에 온갖 법
도 끝까지이다. 만일 어떤 이가 이와 같은 구경
의 반야이취 금강법문을 듣고서 믿고 받아 지니
고 읽고 외우고 닦아 익히면 온갖 장애의 법이
모두 소멸하고, 결정코 여래의 집금강 같은 성
품을 얻어 위없는 정등보리를 빨리 증득하리라.

제 5 장

대반야경

보시반야바라밀다분

보시반야바라밀다분

『대반야바라밀다경』 579권

1

보살마하살은 위없는 정등보리를 증득하고자
모든 수행 가운데 우선 보시를 행하면서 생각하
되, '내가 지금 행하는 보시의 법을 시방세계의
온갖 유정에게 나누어 주어 나쁜 길의 생사에서
영원히 벗어나게 하리라. 아직도 위없는 정등보
리의 마음을 내지 않는 이는 속히 내게 하고,
이미 위없는 정등보리의 마음을 낸 이는 물러나
지 않게 하고 위없는 정등보리에서 물러나지 않
게 된 이는 속히 온갖 지혜의 지혜를 원만케 하
리라' 한다.

2

보살마하살은 비록 조그만큼 보시를 하나 위없는 정등보리에로 회향하면 그의 보시는 깊고 넓으니, 결정코 온갖 지혜를 얻는 때문이요, 보살마하살들은 비록 많은 보시를 하여도 위없는 정등보리에로 회향하지 않으면 보시는 얕고 좁으니, 온갖 지혜를 얻지 못하기 때문이다.

3

비록 유정들을 거두어 주어 보살의 행이 속히 원만해지고 온갖 지혜의 지혜를 빨리 증득하게 하려 하나 그 지위에는 도무지 집착함이 없으며, 비록 스스로가 온갖 지혜의 지혜를 얻으려 하나 이 지혜에도 집착함이 없나니, 이와 같이 보살은 집착하는 소견이 없으면 이것이 방편 선교입니다. 이와 같이 보살의 따라 좋아함·회향 따위와 함께 하는 마음에는 모두가 방편 선교의 힘이 있는 까닭에 두루 여러 보살마하살들을 잘 붙들어 주어 수승한 이익과 안락을 얻게 하고, 또 스스로가 온갖 지혜의 지혜를 받아들여 위없는 정등보리를 빨리 증득하게 합니다.

4

보살들은 베푸는 이와 받는이와 베푸는 물건을 보지 않으며, 비록 모든 법의 본 성품이 모두 공한 것으로 관찰하지만 보시할 때에는 항상 회향과 발원을 여의지 않나니, 이른바 보시한 복으로 유정들에게 나누어 주어 함께 위없는 정등보리에로 회향하고 온갖 지혜의 지혜를 빨리 증득하기를 원합니다. 그러므로 보살이 보시를 할 때에는 모든 유정들이 보시한 복덕보다 백배 천배 내지 억만 배나 낫습니다. 이 까닭에 결정코 위없는 정등보리를 증득하고, 모든 유정들을 이롭고 안락하게 합니다.

5

보살들은 모든 선근을 버리어 유정들에게 보시하면 보살들은 그때그때에 보시바라밀다를 받아들이고, 보살들이 이러한 때에 보시바라밀다를 받아들이면, 그 보살들이 그때그때에 온갖 바라밀다를 자라게 하고, 그 보살들이 그때그때에 온갖 바라밀다를 자라게 하면 그 보살들은 그때그때에 한량없이 수승한 선근을 받아들이게 되고, 그 보살들이 이러이러한 때에 한량없이 수승한 선근을 받아들이면 그 보살들은 그때그때에 차츰차츰 온갖 지혜의 지혜로 가까워집니다. 이것이 보살이 방편 선교로써 비록 공력을 조금 들여도 얻는 복덕은 많은 것입니다. 그러므로 보살이 위없는 정등보리를 증득하고자 하면 항상 방편 선교를 부지런히 닦아야 합니다.

6

보살들이 위없는 정등보리를 증득할 때에 이미 증득한 지혜의 지혜로 세간을 관찰하면서 큰 사자후를 하되 '나는 모든 법에서 아무것도 보이는 바가 없다. 나는 온갖 빛 있음, 빛 없음 따위 안팎 물건들에서도 보이는 바가 없다. 비록 보이는 바가 없으나 모두 다 버릴 수 있나니 이른바 어떤 법이나 물건이나 나를 모든 유정들에게 베풀지 못할 것이 없다' 합니다.

보살들은 항상 생각하되 '내가 위없는 정등보리를 증득할 때에 온갖 법을 도무지 본 바가 없다. 비록 본 바가 없으나 모든 법에 대하여 분명히 증득하지 못한 것이 없고, 두루 알지 못한 것이 없다' 하나니 모든 보살들이 능히 온갖 것을 버릴 수 있기 때문이다. 그러므로 위없는 보리를 증득할 때에 온갖 법을 끝까지 버리며, 끝까지 버리기 때문에 온갖 법을 분명하게 증득하지 못하는 것이 없고 두루 알지 못하는 것이 없습니다. 여실하게 모든 법을 버리지 않는 것이 없으므로 이러이러하게 도무지 법을 보지 않으며, 여실히 모든 법을 도무지 보지 않으므로 이러이러하게 온갖 법을 분명히 증득하지 못한 것이 없고, 두루 알지 못한 것이 없습니다. 이 보살은 안팎의 모든 법을 모두 버릴 수 있나니, 안팎의 법을 버리는 까닭에 도무지 보는 바가 없고, 모든 법을 도무지 보지 않는 까닭에 위없는 정등보리를 증득할 때에 온갖 법에 대하여 분명히 증득하지 못하는 것이 없고, 두루 알지 못하는 것이 없으며, 오는 세상이 다하도록 온갖 유정을 이롭게 합니다. 또 만자자여, 보살들은 의당 이와 같이 청정한 보시 바라밀다를 배워야 하나니, 보살들은 능히 이와 같이 청정한 보시 바라밀다를 배우면 비로소 참되고 맑은 보살이라 할 수 있나니, 언제나 온갖 지혜의 마음을 여의지 않습니다. 만일 보살이 항상 온갖 지혜의 마음을 여의지 않으면 이때에 보살을 온갖 악마들도 짬을 얻지 못하거늘 하물며 그 밖의 약차·필사차 따위가 그의 짬을 엿볼 수 있겠습니까? 왜 그렇겠습니까? 이런 뜻 지음은 부사의하고 광대하고 심히 깊어서 세간에도 드문 것이기 때문에 온갖 지혜가 부사의하고 광대하고 심히 깊고 헤아리기 어렵기 때문입니다.

7

　보살들은 위없는 정등보리를 증득하려 할 때
에도 유정들에게 큰 은덕을 베풀어 온갖 유정을
양육하나니, 이른바 바른 법을 연설해 주어서
번뇌를 끊게 하는 것입니다. 이 까닭에 한량없
고 끝없는 유정이 모두가 끝내 열반의 안락함을
얻습니다.

8

만일 어떤 보살이 비록 잠시 동안에 많지 않은 재물을 유정들에게 주었으나 위없는 정등보리에로 회향하여 유정들과 함께 온갖 지혜의 지혜를 증득하려 하면 이 보살은 적은 보시를 하고서도 많은 복을 받습니다.

만일 어떤 보살이 강가강의 모래 같이 많은 겁에 지나면서 항상 한량없고 헤일 수 없이 많은 재물을 보시하고, 또 위없는 보리에로 회향하여 유정들과 함께 온갖 지혜의 지혜를 증득하려 하면 이 보살은 많은 보시를 하고 많은 복을 받습니다. 그러므로 보살마하살들이 위없는 정등보리를 증득하고자 하면 의당 선근을 유정들에게 주어 위없는 정등보리에로 회향한 뒤에 유정들과 함께 온갖 지혜의 지혜를 증득하려 해야 됩니다.

『대반야바라밀다경』 580권

9

만일 보살마하살들이 위없는 정등보리를 빨리 증득하고자 하면 마음속에 섞인 것이 없게 해야 합니다. 보살마하살들이 이치에 맞지 않은 뜻 지음이 나타났을 때에 똑바로 관찰하면 이는 온갖 지혜의 지혜에 수순하여 어기지 않는다 합니다. 이 보살들은 여실히 알기를 내가 지금 일으킨 이치에 맞지 않은 뜻 지음은 온갖 지혜에 도움이 된다. 즉 내가 일으킨 이치에 맞지 않는 뜻 지음은 능히 몸을 받아 생사에 상속하고, 오래 있으면서 유정들을 이롭게 하도록 한다. 만일 나에게 이치에 맞지 않는 뜻 지음이 나를 오래 머무르게 하는 일이 없다면 곧 아주 없음이 되어서 스스로 수행을 원만케 할 수 없거늘 하물며 어찌 다른 유정들을 이롭게 하겠는가 합니다. 이렇게 되면 보살들의 마음에 섞인 것이 없다 합니다.

보살마하살들이 모든 법의 순함과 거슬림을 잘 관찰하면 모두가 온갖 지혜의 지혜를 이끌어 일으킵니다. 이 보살들이 방편 선교로 온갖 법을 관찰하면 모두가 구하려는 위없는 정등보리에 잘 수순하므로 순하거나 거슬림 따위 마음이 섞이지 못하게 하나니, 거슬리는 경계에도 성을 내지 않고, 순하는 경계에도 애착을 내지 않고서 거슬리거나 순하는 일을 모두 바르게 알아 온갖 지혜의 지혜를 일으키는 인연을 삼습니다. 이러한 보살들은 언제나 어디서나 마음에 섞인 것이 없습니다.

섞임 없는 마음으로 보살행을 닦으면 백겁을 지나지 않고 원만케 하여 위없는 보리의 양식을 증득합니다. 섞임이 있는 마음은 오래도록 계속하여도 보리의 양식을 이루지 못하거니와, 섞임이 없는 마음은 잠깐만 계속하여도 곧 보리의 양식을 이루나니 찰나찰나에 항상 늘기 때문입니다.

10

섞임 없는 마음은 이것으로 성품을 삼습니다.

11

번뇌는 능히 보살을 도와서 위없는 정등보리를 증득하게 합니다. 번뇌의 뜻 지음은 모든 유루의 몸에 수순하나 보살의 마음에 그다지 섞이는 것이 아니니, 나는 저 때문에 갖가지 보리의 종자를 일으키어 속히 원만케 할 수 있다. 그러니 그는 나에게 큰 은덕이다. 보살은 번뇌가 일어나면 은혜롭다는 마음을 일으키어 나는 그를 싫어하지 않으리라 합니다. 번뇌를 아직 영원히 끊지 못했으므로 보시·지계·인욕·정진·선정·반야바라밀다를 원만케 하고 온갖 지혜의 지혜를 일으킨다 해야 합니다.

번뇌가 비록 큰 보리에 장애가 되기는 하나, 보리의 양식을 일으키는데 돕는 힘이 있나니 그러므로 보살은 보리의 자리에 앉을 때까지 영원히 끊으려 하지 않다가 보리를 얻으면 일시에 몽땅 끊습니다.

12

보살들은 물질에서 항상 함과 덧없음의 형상을 취하지 않고 느낌 생각 지어감 의식에서도 항상 함과 덧없음의 형상을 취하지 않으며, 물질에서 즐거움과 괴로움의 형상을 취하지 않고 느낌 생각 지어감 의식에서도 즐거움과 괴로움의 형상을 취하지 않으며, 물질에서 나 있음과 나 없음의 형상을 취하지 않고 느낌 생각 지어감 의식에서도 나 있음과 나 없음의 형상을 취하지 않으며, 물질에서 조촐함과 부정함의 형상을 취하지 않고 느낌 생각 지어감 의식에서도 조촐함과 부정함의 형상을 취하지 않으며, 물질에서 멀리 여읨과 멀리 여읨의 형상을 취하지 않고 느낌·생각·지어감·의식에서도 멀리 여읨과 멀리 여의지 않음의 형상을 취하지 않으며, 물질에서 고요함과 고요하지 않음의 형상을 취하지 않고 느낌 생각 지어감 의식에서도 고요함과 고요하지 않음의 형상을 취하지 않습니다.

13

만일 유정들이 형상 없는 법에 대하여 수승하
다는 생각을 내면 능히 온갖 지혜의 마음을 일
으키고 온갖 지혜의 마음을 일으키면 능히 모든
보살의 행을 닦고 보살의 행을 닦으면 능히 온
갖 지혜의 지혜를 증득합니다.

14

모든 유정들은 모든 법은 있지 않아서 모두가 허깨비 같음을 여심히 알지 못하는 까닭에 모든 일마다에 대하여 굳은 집착을 일으키고, 굳은 집착 때문에 버리지 못하고 버리지 못하기 때문에 인색하게 되고, 인색한 까닭에 몸과 목숨이 마친 뒤엔 나쁜 길에 태어나서 빈궁한 과보를 받으며, 거기에 얻은 것마다 버리지 못하다가 다시 거기에 인색함을 더하고, 이 까닭에 다시 나쁜 길에 빠져서 갖가지 고통을 받습니다.

이렇게 고통을 받는 것은 모두가 형상을 취하기 때문이니 보살들이 방편 선교로써 모든 법은 있는 것이 아니어서 모두가 허깨비 같음을 알면 허깨비와 같은 까닭에 버려야 하고 허깨비가 나와 내 것이 아니기 때문에 온갖 일을 모두 버리게 됩니다. 부처님들은 모든 법은 있지 않아서 모두가 허깨비 같음을 여실히 알게 하시고 여실히 아는 까닭에 집착을 내지 않고 공력을 조금 들여서 온갖 것을 다 버리고 위없는 정등보리를 빨리 증득하게 하신다 합니다. 그러므로 보살들이 위없는 정등보리를 증득하고자 하려면 이와 같은 모든 법은 있지 않은 것이어서 모두가 허깨비 같음을 알아 뭇 형상을 여의고 형상 없는 마음으로 정수리 같은 온갖 지혜의 지혜를 구해야 합니다.

『대반야바라밀다경』581권

15

보살이 보시를 할 때에 허깨비 같아서 실제로 있지 않은 물건을 버리면 위없는 정등보리를 증득할 때에 허깨비 같아서 실제로 있지 않은 법을 얻으리니, 모든 법이 실제로 있지 않으며 본성품이 공적하여 보살들은 의례히 온갖 것을 모두 버려야 한다. 나도 이제 버릴 것을 다 버렸으나 버린 것은 모두 허깨비 같다. 보살마하살은 비록 온갖 것을 버리나 버리는 바가 없고, 온갖 것을 얻으나 얻은 바가 없다.

16

보살마하살이 위없는 정등보리를 증득하고자
하면 온갖 법이 공함을 관찰하라.

17

보살이 능히 모든 법이 공허함을 관찰하고, 온
갖 지혜의 지혜에 수승한 공덕이 있음을 반연하
고, 유정들을 가엾이 여기어 가지고 있던 모든
것을 보시하면 공법의 지혜의 지혜를 모르고 무
량한 보시를 한 사람 보다 천만 배나 더 훌륭하
니라.

제 6 장

대반야경

정계반야바라밀다분

정계반야바라밀다분

『대반야바라밀다경』 584권

1

보살이 집에 있으면서 오욕락을 받는 것은 보살의 파계가 아니요, 보살이 보시를 할 때에 성문이나 독각의 지위에 회향하여 위없는 정등보리를 구하지 않으면 이것은 보살의 파계입니다. 계행을 지키지만 위없는 보리에로 회향하지 않으면 이 보살은 결정코 보살의 계행을 성취하지 못합니다. 또 위없는 정등보리에도 집착하지 않고 보시를 하여야 하나니, 무슨 까닭이냐 하면 부처님의 위없는 정등보리는 형상을 여의었기 때문입니다. 만일 어떤 보살이 마음을 일으키어 온갖 지혜의 지혜에 집착하면 이는 잘못된 계율의 고집을 이루는 것이어늘 어떻게 보살의 계율을 지킨다 하겠습니까?

2

온갖 지혜의 지혜는 뭇 형상을 여의어서 어느 한 곳에 포섭되는 것이 아니니, 온갖 지혜의 지혜는 물질이 아니요, 물질을 여읜 것도 아니며, 느낌 생각 지어감 의식이 아니요, 느낌·생각·지어감·의식을 여읜 것도 아닙니다. 온갖 지혜의 지혜는 눈이 아니요, 눈을 여읜 것도 아니며, 귀·코·혀·몸·뜻이 아니요 귀·코·혀·몸·뜻을 여읜 것도 아니며, 빛이 아니요, 빛을 여읜 것도 아니며, 소리·향기·맛·닿임·법이 아니요, 소리·향기·맛·닿임·법을 여읜 것도 아닙니다.

3

또 온갖 지혜의 지혜는 진여를 여읜 것도 아니며 법계 법성 실제 부사의 경계가 아니요, 법계·법성·실제·부사의 경계를 여읜 것도 아닙니다. 또 온갖 지혜의 지혜는 네 가지 선정이 아니요, 네 가지 선정을 여읜 것도 아니며, 또 네 가지 생각 두는 곳이 아니요, 네 가지 생각 두는 곳을 여읜 것도 아닙니다.

4

또 온갖 지혜의 지혜는 공의 해탈 문이 아니요, 공의 해탈 문을 여읜 것도 아니며, 보살 여래의 지위가 아니요, 보살 여래의 지위를 여읜 것도 아닙니다.

5

온갖 지혜의 지혜는 온갖 지혜의 지혜가 아니요, 온갖 지혜의 지혜를 여읜 것도 아니며, 또 온갖 지혜의 지혜는 보살마하살의 행이 아니요, 보살마하살의 행을 여읜 것도 아니며, 부처님들의 위없는 정등보리가 아니요, 부처님들의 위없는 정등보리를 여읜 것도 아닙니다.

6

또 온갖 지혜의 지혜는 유루·무루·유위·무위의 법이 아니요, 유루·무루·유위·무위의 법을 여읜 것도 아닙니다.

7

또 온갖 지혜의 지혜는 욕심세계에 얽매인 법이 아니요, 욕심세계에 얽매인 법을 여읜 것도 아니며, 형상 세계나 무형 세계에 얽매인 법이 아니요, 형상 세계나 무형 세계에 얽매인 법을 여읜 것도 아닙니다.

8

온갖 지혜의 지혜는 이와 같은 모든 법의 행상을 멀리 여읜 까닭에 집착할 수 없으며, 온갖 지혜의 지혜는 뭇 형상을 멀리 여읜 까닭에 어떤 법도 얻을 수 없고, 얻을 바가 없는 까닭에 집착할 수 없습니다.

9

온갖 지혜의 지혜는 이미 있음의 법도 아니고 없음의 법도 아니니 이 까닭에 집착할 수 없습니다.

10

어떤 보살이 위없는 정등보리를 증득하려 하는데 그로 하여금 빨리 실제를 증득하게 하면 그 보살이 어떤 인연을 만났을 때에 성문이나 독각의 경지에 머물러서 온갖 지혜의 지혜 마음을 일으키기 어렵고, 만일 여래의 정법이 숨는 때를 만나면 온갖 지혜의 지혜를 증득하려 하지 않으리니, 그런 때엔 바로 독각의 보리를 증득하여 남음 없는 열반에 들고 끝내는 위없는 보리를 증득하지 못합니다. 이 까닭에 보살들이 위없는 정등보리를 구하려면 빨리 실제를 증득하려 하지 말아야 하나니, 묘한 보리의 자리에 앉기 전에는 실제를 증득하지 않다가 묘한 보리

의 자리에 앉은 뒤 곧 위없는 정등보리를 증득
하려 할 때에야 비로소 실제를 증득해서 온갖
장애를 끊고 보리를 증득합니다.

11

만일 보살들이 강가강의 모래같이 많은 큰 겁을 지나면서 계행을 닦아 원만케 하여도 위없는 정등보리에로 회향하여 유정들에게 큰 이익을 주지 않거나, 오는 세상이 다하도록 끊임없이 하지 않으면, 이 보살들은 보살의 계율 바다를 받아들이지 못하고 보살의 계율 바라밀다를 원만하게 하지 못합니다. 보살들이 성문이나 독각의 경지로 회향하면 아무리 이승의 계율을 많이 지녔더라도 계율을 범했다 할 수 있습니다.

12

만일 보살들이 마음으로 한계를 지으면 설사 강가강의 모래 같이 많은 겁을 지나면서 보시바라밀을 닦더라도 보시바라밀다를 원만케 하지 못합니다. 보살의 보시바라밀다는 끝이 없는 까닭에 온갖 지혜의 지혜도 끝이 없나니, 보살이 위없는 정등보리를 구하고자 하면 마음으로 한계를 세워 온갖 지혜의 지혜를 조급히 구하려 하지 말아야 합니다.

『대반야바라밀다경』585권

13

만일 보살들이 계율 바라밀다를 닦을 때에 조그마한 법이라도 지을 것이 있다고 여기면 비록 보살의 법에 머무르나 보살의 법을 버리었다 하나니, 이것이 보살의 이치에 맞지 않는 뜻 지음입니다. 만일 보살이 이와 같이 이치에 맞지 않는 뜻 지음을 일으키면 보살의 계율을 범했다 해야 합니다. 만일 보살들이 조그마한 법도 지을 것이 있다고 보지 않으면 이 보살들은 바야흐로 보살의 계율 바라밀다를 받아들이며, 보살들의 계율을 받아 들여 온갖 지혜의 지혜를 구하는 데로 회향하지 못하면, 이 계율은 비록 계를 얻었다고는 하나 계율 바라밀다가 아니니, 행여 이승이나 세간의 과위를 구하게 되기 때문입니다.

14

보살들이 모든 물질의 갖가지 제 모양을 여실히 알고 모든 느낌·생각·지어감·의식의 제 모양을 여실히 알면 이것이 오온의 선교입니다.

보살들이 모든 물질의 갖가지 제 모양을 모두 얻을 수 없음을 여실히 알고, 모든 느낌·생각·지어감·의식의 갖가지 제 모양을 모두 얻을 수 없음을 여실히 알면, 이것이 오온의 선교입니다.

또 보살들이 모든 물질의 갖가지 공통한 모양을 여실히 알고, 모든 느낌·생각·지어감·의식의 갖가지 공통한 모양을 여실히 알면, 이것이 오온의 선교입니다.

15

또 보살들이 모든 물질의 공함과 공하지 않음
을 여실히 알고, 모든 느낌·생각·지어감·의
식의 공함과 공하지 않음을 모두 얻을 수 없음
을 여실히 알면, 이것이 오온의 선교입니다.

16

어떤 것이 경계의 선교입니까?
이른바 보살들이 눈 경계의 갖가지 제 모양을
여실히 알고, 귀·코·혀·몸·뜻 경계의 제 모
양을 여실히 알면 이것이 경계의 선교입니다.
또 보살들이 모든 눈 경계의 갖가지 제 모양을
모두 얻을 수 없음을 여실히 알고, 모든 귀·코
·혀·몸·뜻 경계의 갖가지 제 모양을 모두 얻
을 수 없음을 여실히 알면, 이것이 경계의 선교
입니다. 그리고 눈·귀·코·혀·몸·뜻 경계의
갖가지 공통한 형상을 모두 얻을 수 없음을 여
실히 알면, 이것이 경계의 선교입니다.

17

또 보살들이 눈 경계의 나 있음과 나 없음을 모두 얻을 수 없음을 여실히 알고, 모든 귀·코·혀·몸·뜻 경계의 나 있음과 나 없음을 얻을 수 없음을 여실히 알면, 이것이 경계의 선교입니다.

18

또 보살들이 눈 경계의 공함과 공하지 않음을 모두 얻을 수 없음을 여실히 알고, 귀·코·혀·몸·뜻 경계의 공함과 공하지 않음을 얻을 수 없음을 여실히 알면, 이것이 경계의 선교입니다.

19

보살들이 눈알음의 경계의 고요함과 고요하지 않음을 얻을 수 없음을 여실히 알고, 귀·코·혀·몸·뜻·알음의 경계의 고요함과 고요하지 않음을 모두 얻을 수 없음을 여실히 알면, 이것이 경계의 선교입니다.

20

또 보살들이 온갖 괴로움의 진리의 고요함과 고요하지 않음을 모두 얻을 수 없음을 여실히 알고, 온갖 쌓임·사라짐도 진리의 고요함과 고요하지 않음을 모두 얻을 수 없음을 여실히 알면, 이것이 진리의 선교입니다.

『대반야바라밀다경』586권

21

보살들이 온갖 오온 따위에서 선교방편을 닦아야 하나니, 선교 때문에 모든 유정들에게 알맞게 설법해 주어 유정의 생각 따위를 영원히 끊어 버리게 합니다.

22

성문이나 독각의 무루의 계율은 오직 자기의 이익을 구하여 열반에 회향하지만, 보살의 계율은 두루 한량없는 유정을 제도하여 위없는 정등보리에로 회향하게 하나니, 그러므로 보살의 계율이 이승의 무루의 계율보다 수승합니다.

23

보살들은 위없는 정등보리를 증득하려 하고, 중생·성문·독각은 그렇지 못하니, 이것이 보살의 계율과 저들의 계율에 차별이 있다고 말하는 것입니다. 보살의 계율은 온갖 지혜의 지혜를 구하려는 데로 회향하므로 계율바라밀다라 하거니와, 성문·독각·중생의 계는 그렇지 못하여 위없는 정등보리에로 회향하지 않고, 온갖 지혜의 지혜를 구하려는 마음을 멀리 여의었기 때문에 계율 바라밀다라 하지 못합니다.

『대반야바라밀다경』 587권

24

보살이 차라리 위없는 정등보리를 더디 증득할지언정 성문이나 독각의 경지에 떨어지지 않아야 합니다. 빨리 구하다가 이승의 경지에 떨어지지는 말아야 합니다. 이승의 경지에 떨어지는 것은 방편 선교가 없는 무리의 결과이어서 구할 바 큰 보리에서 물러나기 때문입니다. 도대체 보살이라 함은 큰 보리를 구하여 유정을 이롭게 할지언정 실제를 구하려 하지 않는 것이니, 그러므로 실제를 증득하면 방편 선교의 결과가 아닙니다.

25

보살은 보살을 이기려 하지 말아야 하고, 보살은 보살을 경멸하지 말아야 하고, 보살은 보살을 항복시키려 하지 말아야 하며, 보살은 다른 보살을 공양 공경하되 부처님께 공양 공경하는 것 같이 해야 합니다. 또한 보살들을 공경하는 것 같이 유정들을 공경하되, 마음에 차별이 없어야 합니다. 보살들은 의당 생각하기를 내가 위없는 정등보리를 증득할 때엔 반드시 유정들에게 깊은 법을 연설해 주어, 번뇌를 끊고 열반을 얻게 하거나 혹은 보리를 얻어 끝내 안락하게 하거나, 혹 모든 나쁜 괴로움을 여의게 하리라 해야 합니다.

26

만일 보살들이 모든 법 가운데서 조그만치라도 보이는 것이 있으면 이 보살은 반야바라밀다를 행하는 것이 아닙니다.

만일 보살들이 모든 법에서 도무지 보는 바가 없으면 그 보살들은 반야바라밀다를 여의지 않게 됩니다. 이른바 보살들은 법왕의 지위가 모두 허깨비 같아서 도무지 실제로 있지 않은 것임을 아나 부지런히 구하여 나아가기를 쉬지 않고, 아무리 부처님의 과위를 구하여 나아가나 모든 법에서 도무지 보는 바가 없고, 아무리 보는 바가 없으나 물러나지 않습니다. 모두가 허깨비 같음을 통달했기 때문입니다. 이와 같이 보살은 방편선교로써 위없는 정등보리를 증득하여 유정들에게 고요함의 법을 말해 주고자 하니, 온갖 법을 연설하여도 법의 본 성품은 말할 수 없기 때문입니다.

온갖 법성은 드러낼 수 없고 말할 수도 없으므로 보살들이 큰 보리를 증득할 때에 유정들에게 모든 법성을 연설해 주지만, 생각하기를 나는 보리에서 아무것도 얻은 것이 없다. 내가 비록 위없는 보리를 증득하나 이 보리는 증득할 수 없는 것이요, 내가 온갖 법성을 연설해주나 모든 법의 성품은 말할 수 없나니, 말하는 이와 말할 바가 모두 제 성품이 없고, 증득하는 이와 증득할 바도 얻을 수 없다 합니다.

그러므로 보살마하살들이 위없는 보리를 증득하고자 하면 모든 법에 집착하지 말아야 합니다. 비록 집착함이 없으나 물러나지 않으며, 물러나지 않는 까닭에 마음이 침울하지 않고, 침울하지 않은 까닭에 정진을 받아들이나니 이것이 정진바라밀다입니다.

27

비록 위없는 정등보리를 구하지만 어떤 법도 이미 증득한 것이나 현재 증득하는 것이나 장차 증득할 것이 있다고 보지 않나니, 이런 보살들의 계율바라밀다는 모두가 방편선교로써 거두는 까닭에 위없는 정등보리에 이르릅니다.

28

세간의 착한 법이 온갖 허물이 많아서 끝까지 나와 남을 이롭게 할 수 없고, 구하려는 온갖 지혜의 지혜를 장애하며, 성문이나 독각의 선근은 비록 세간을 벗어나기는 했으나 자기만이 이롭고 남을 이롭게 할 수 없으며, 또 온갖 지혜의 지혜를 장애하는 줄을 잘 아는 까닭에 마음이 쏠리지 않고 생각 하지도 않고, 그러한 선근은 즐거이 닦으려 하지도 않습니다. 이 까닭에 이승의 경지를 초월하여 위없는 정등보리를 증득하되 얻은바 없습니다.

29

보살들은 갖가지 공의 관법을 맛들이지 말아야 하나니, 공의 관법을 맛들이면 곧 마음이 더러워져서 유정을 여실히 이롭게 하지 못하고, 또 불국토를 장엄하지 못하며, 이 까닭에 오랜 만에야 구하려던 위없는 정등보리를 증득 못하기 때문입니다.

나는 이와 같은 갖가지 공의 관법을 부지런하고 용맹스럽게 닦아 익히되 머리에 붙은 불을 끄는 것 같이 잠시도 쉬지 않게 하지만, 거기에 맛들이지는 않으리라 해야 합니다. 또한 진여·법계·법성·허망치 않은 성품·실제·허공계·부사의 경계에 관법을 맛들이지 않음도 또한 이와 같습니다. 또한 도·보리·해탈에 맛들이지 않아야 함도 이와 같습니다.

만일 보살들이 그러한 분별하는 마음을 일으키면 보살의 계를 범하는 것임을 알아야 합니다.

『대반야바라밀다경』 588권

30

보살들이 성문이나 독각의 경지를 칭찬하면 그
는 곧 그 경지에 대하여 애착하는 마음을 내므로
온갖 지혜의 지혜를 구하지 못하고 보살의 계율은
범함이 있으며, 보살들이 성문이나 독각의 경지를
싫어하면 곧 그들의 경지에 대하여 경멸하는 마음
을 내므로, 구하던 온갖 지혜의 지혜에 장애가 되
고 보살의 계율은 범함이 있게 됩니다. 그러므로
보살들이 이승의 경지에 대하여 칭찬하거나 싫어하
지 말아야 하오리다.

31

번뇌는 능히 온갖 지혜의 지혜를 일으키는 까닭
에 보살들에게 큰 은덕이 있다고 하면 이 보살들
은 이미 온갖 일에서 방편 선교를 얻었다 하오리
다. 이러한 보살들은 보살의 계율 바라밀다에 머물
렀고 이런 보살들은 보살의 계율을 범함이 없고
또 보살의 계율을 집착하지도 않는다 하오리다.

32

무명이 지어감의 인연이 되고, 지어감이 의식의 인연이 되고, 의식이 이름과 물질의 인연이 되고, 이름과 물질이 여섯 감관의 인연이 되고, 여섯 감관이 닿임의 인연이 되고, 닿임이 느낌의 인연이 되고, 느낌이 욕망의 인연이 되고, 욕망이 잡음의 인연이 되고, 잡음이 존재와 인연이 되고, 존재가 생겨남의 인연이 되고, 생겨나면 늙고 죽음의 인연이 되는 뒤바뀜 없는 지혜를 부지런히 닦아서 차츰차츰 원만케 하고, 무명이 멸하면 지어감이 멸하게 되고, 지어감이 멸하면 의식이 멸하고, 의식이 멸하면 이름과 물질이 멸하고 이름과 물질이 멸하면 여섯 감관이 멸하고, 여섯 감관이 멸하면 닿임이 멸하고, 닿임이 멸하면 느낌이 멸하고, 느낌이 멸하면 욕망이 멸하고, 욕망이 멸하면 잡음이 멸하고, 잡음이 멸하면 존재가 멸하고, 존재가 멸하면 남이 멸하고, 생겨남이 멸하면 늙고 죽음이 멸하는 뒤바뀜 없는 지혜를 부지런히 닦아서 차츰차츰 원만케 하느니라.

33

온갖 괴로움의 진리에 나 있음과 나 없음을 모두 얻을 수 없고, 온갖 쌓임·사라짐·도·진리의 나 있음과 나 없음도 모두 얻을 수 없다고 방편으로 연설해 준다.

제 7 장

대반야경

참음의 평안
안인바라밀다분

"참음의 평안"
안인(安忍)바라밀다분

『대반야바라밀다경』589권

1

　보살들의 참음은 한량이 없어서 한량없는 유정들을 이롭게 하기 위하여 참음의 갑옷을 입고 말하되, 나는 한량없는 유정들을 제도하여 모두 괴로움을 여의고 열반의 쾌락을 얻게 하리라 하나니, 보살의 참음은 한량이 없고 성문의 참음은 오직 자신의 번뇌만을 버리기 위할망정 유정들을 위하지 않나니, 그러므로 적은 부분의 참음이라 합니다.

2

온갖 무명이 모두가 허깨비 같아서 끝내 성품이 공하고, 끝내 공한 가운데는 싸울 것이 없다고 연설해 주어, 그들이 듣고는 모두가 싸우려는 생각을 쉬게 하고, 또는 온갖 지어감·의식·이름과 물질·여섯 감관·닿임·느낌·욕망·잡음·존재·태어남·늙음·죽음이 모두가 허깨비 같아서 끝내 성품이 공하고 끝내 공한 가운데는 다툴 것이 없다고 연설해 주어 그들이 듣고는 모두가 싸우려는 마음을 쉬게 하며, 마음이 평등하여 허공과 같으며 서로서로가 갖가지 허물을 차지 않게 합니다.

3

성문들의 참음은 오직 물질과 내지 의식에 나·유정·목숨·난다는 것·기른다는 것·장부·푸드갈라·뜻대로 남·어린이·일한다는 것·받는다는 것·안다는 것·본다는 것이 모두 없다고만 관찰함으로써 일어난 것이거니와, 보살들의 참음은 물질과 내지 의식이 도무지 제 성품이 없고, 남·멸함·물들음·깨끗함·늘어남·줄음이 모두 없어 본래 고요함까지 관찰함으로써, 보살의 참음은 광대·미묘·청정·수승하여 모든 성문들의 참음을 초과 합니다.

4

보살들이 위없는 정등보리를 증득하고자 하면
그의 마음을 닦아서 땅·물·불·바람이 분별이
없는 것 같이 해야 합니다. 보살마하살이 위없
는 정등보리를 증득하고자 하면 반드시 그 마음
을 닦아서 마치 허공이 아무런 분별이 없이 움
직이는 것 같이 해야 합니다.

5

 보살들이 무위에 속하지는 않습니다. 그러나 보살들이 반야바라밀다의 방편 선교를 닦아서 몸과 마음이 허공과 같은 것으로 관찰하여 경계에 대하여 분별함이 없이 참음 바라밀다를 닦게 되나니, 이른바 보살마하살들이 방편 선교로써 몸과 마음이 성품이 없고 걸림이 없어 허공과 같음을 관찰하여 갖가지 무기의 박해를 견디게 합니다. 보살마하살들이 뭇 고통을 받아들여 요동이나 변화가 없는 것이 곧 참음 바라밀다입니다.

 이제 내가 몸과 마음으로 받는 뭇 고통은 이미 모든 유정들을 이롭게 하기 위한 것이기 때문에 결정코 위없는 정등보리를 증득하게 되리라. 그러므로 나는 지금 기꺼이 받아 들어야 한다 해야 합니다. 이런 보살들은 이런 이치를 관찰하는 까닭에 비록 뭇 고통을 받으나 도리어 뛰어나고 맹렬한 기쁨과 인욕을 냅니다. 보살마하살들이 참음바라밀다를 수행하여 유정들에게 이로움을 주고자 하면 결정코 순금 빛 몸매를 받아 모습이 두루 장엄스러워서 보는 이가 모두 기뻐하게 됩니다.

제 **8** 장

대반야경
정진반야바라밀다분

정진반야바라밀다분

『대반야바라밀다경』 590권

1

보살마하살이 정등보리를 증득하고자 하면 처음으로 발심할 때에 생각하기를 내가 가진 몸과 마음으로 먼저 남에게 이로운 일을 하여 모두가 소원을 만족하게 하리라.

내가 가지고 있는 몸과 마음은 하나도 내 마음대로 움직이지 말고 남을 이롭게 하는 온갖 사업에 따라 모두를 이 일을 이루기 위해서 움직이리라 해야 하느니라. 보살마하살은 모두가 이와 같이 정진바라밀다에 머물러야 하느니라.

2

또 어떤 보살마하살이 온갖 지혜의 지혜를 빨리 증득해서 유정들에게 큰 이익을 주고자 하면 항상 부지런히 갖가지 공의 관법을 닦아 배우되 물러나는 마음이 없어야 하나니 이 보살마하살은 정진바라밀다에 머무는 것이니라.

3

보살마하살이 온갖 지혜의 지혜를 빨리 증득하여 온갖 유정들에게 큰 이익을 주고자 하면 항상 부지런히 모든 법의 진여 · 법계 · 법성 · 실제 · 허공계 · 부사의 경계의 관법을 닦아 배워서 물러나는 마음이 없어야 하나니, 이 보살마하살은 정진바라밀다에 머무는 것이니라.

4

보살마하살이 온갖 지혜의 지혜를 빨리 증득
하여 유정들에게 큰 이익을 주고자 하면 항상
부지런히 무명이 지어감의 인연이요, 무명은(
"나"가 있는 마음이다.) 지어감이 의식의 인연이
요, 의식이 이름과 물질의 인연이요, 이름과 물
질이 여섯 감관의 인연이요, 여섯 감관이 닿임
의 인연이요, 닿임이 느낌의 인연이요, 느낌이
욕망의 인연이요, 욕망이 잡음의 인연이요, 잡음
이 존재의 인연이요, 존재가 나기의 인연이요,
나기가 늙음·죽음·근심·한탄·고통·걱정·
번뇌가 되는 관법을 닦아 배우되 물러나는 마음
이 없어야 하나니, 이 보살들은 정진바라밀다에
머무는 것이니라.

5

단 어떤 보살이 온갖 지혜의 지혜를 빨리 증
득하여 유정들에게 큰 이익을 주고자 하면, 항
상 부지런히 무명("나"가 있는 마음)이 멸하면
지어감이 멸하고, 지어감이 멸하면 의식이 멸하
고, 의식이 멸하면 이름과 물질이 멸하고, 이름
과 물질이 멸하면 여섯 감관이 멸하고, 여섯 감
관이 멸하면 닿임이 멸하고, 닿임이 멸하면 느
낌이 멸하고, 느낌이 멸하면 욕망이 멸하고, 욕
망이 멸하면 잡음이 멸하고, 잡음이 멸하면 존
재가 멸하고, 존재가 멸하면 생겨남이 멸하고,
생겨남이 멸하면 늙음 죽음의 걱정 한탄 고통
걱정 번뇌가 멸하는 관법을 닦아 배워서 물러나
는 마음이 없어야 하나니, 이 보살마하살은 정
진 바라밀다에 머무른 것이니라.

6

보살마하살이 온갖 지혜의 지혜를 빨리 증득하여 유정들에게 큰 이익을 주고자 하면 항상 부지런히 괴로움·덧없음·공함·나 없음 따위, 괴로움 진리의 관법과 원인·쌓임·남·인연 따위, 쌓임의 진리의 관법과 사라짐·고요함·묘함·여읨 따위, 사라짐의 진리의 관법과 도·여여함·행함·벗어남 따위, 도의 진리의 관법을 닦아 배우되 물러나는 마음이 없어야 하나니, 이 보살마하살은 정진바라밀다에 머무는 것이니라.

7

보살마하살이 온갖 지혜의 지혜를 빨리 증득하여 유정들에게 큰 이익을 주고자하면 항상 부지런히 공·형상 없음·소원 없음의 해탈 문을 닦아 배워서 물러나는 마음이 없어야 하나니, 이 보살마하살은 정진바라밀다에 머무는 것이니라.

8

보살마하살이 수천만억의 큰 겁의 세월을 지옥에 있으면서 갖은 고통을 받더라도 한 중생이라도 지옥에서 벗어나 좋은 길에 태어나게 하는데, 보살마하살이 이 원력을 기꺼이 받아들인다면 이 보살마하살은 정진바라밀다에 머무른 것이니라. 또 어떤 보살마하살이 이런 말을 듣고 기뻐 뛰면서 맹세코 받아들이리라 하면서 물러나는 마음이 없으면 그는 정진하는 보살로서 정진바라밀다에 머물렀다 하느니라.

또 어떤 보살마하살이 이런 말을 듣고 겁내는 마음을 내어 기꺼이 받들어 행하려 하지 않으면 이는 게으른 보살이라 하느니라.

9

보살마하살이 생각하기를 한량없고 끝없는 큰 세월의 겁을 지나더라도 부지런하고 용맹스럽게 보리의 행을 닦아서 끝내 위없는 정등보리를 증득하기까지 나는 결정코 물러날 생각을 내지 않고, 부지런히 위없는 정등보리를 구하리라 하면, 그는 부지런한 보살로서 정진바라밀다에 머물러 정진바라밀다를 닦아서 속히 원만케 하고, 생사를 멀리 여의어 온갖 지혜의 지혜를 빨리 증득하며, 유정들에게 큰 이익을 준다 하느니라.

10

또 어떤 보살마하살이 겁(수천만억의 헤아릴 수 없는 세월) 수효를 따져서 한계를 지으면 아무리 용맹하고 부지런하게 보시·계율·참음·정진·선정·반야바라밀다를 닦아 배워도 게으른 보살이라 하고, 어떤 보살마하살이 생각하기를 한량없고 끝없는 큰 겁을 지나더라도 가장 용맹하고 부지런하게 보시·계율·참음·정진·선정 반야바라밀다를 닦아 배워서 원만케 하여 끝내 위없는 정등보리를 증득하기까지 결정코 물러날 생각을 하지 않으리라 하면 그는 부지런한 보살로써 정진 바라밀다에 머물러서 온갖 지혜의 지혜를 빨리 증득한다 합니다.

11

또 어떤 보살마하살이 겁의 수효를 따져서 한 계를 지으면, 아무리 용맹하고 부지런하게 일체 공법을 닦더라도 게으른 보살이라 하고, 어떤 보살마하살이 생각하기를 한량없고 끝없는 큰 겁을 지나더라도 지극히 용맹스럽고 부지런하게 항상 공하지 않음과 내지 성품 없는 제 성품 공의 지혜를 닦아 배워서 원만하여 위없는 정등보리를 증득하기까지 나는 결정코 물러날 마음을 내지 않으리라 하면, 그는 부지런한 보살로서 정진바라밀다에 머물러 빨리 온갖 지혜의 지혜를 증득한다 하느니라.

12

또 어떤 보살마하살이 겁의 수효를 따져서 한
계를 지으면 아무리 부지런하고 용맹스럽게 모
든 법의 진여·법계·법성·허망치 않은 성품·
법의 정함·법의 머무름·실제·허공의 경계·
부사의계 따위의 지혜를 닦아 익히더라도 게으
른 보살이라 하거니와, 어떤 보살마하살이 생각
하기를 한량없고 끝없는 큰 겁을 지나도록 모든
법의 진여와 내지 부사의계의 지혜를 닦아 배워
서 원만케 하여, 끝내 위없는 정등보리를 증득
하기 까지 나는 결정코 물러날 마음을 내지 않
으리라 하면, 그는 부지런한 보살로서 정진바라
밀다에 머물러서 빨리 온갖 지혜의 지혜를 증득
한다 하느니라.

13

또 어떤 보살마하살이 겁의 수효를 닦아서 한 계를 지으면 아무리 몹시 용맹스럽고 부지런하게 세 가지 해탈 문을 닦아 배워도 그는 게으른 보살이라 하거니와, 어떤 보살마하살이 생각하기를 한량없고, 끝없는 큰 겁을 지나도록 가장 용맹스럽고, 부지런하게 세 가지 해탈 문을 닦아 배워서 원만케 한 뒤에, 위없는 정등보리를 증득하기 까지 결정코 물러날 생각을 내지 않으리라 하면, 그는 부지런한 보살로서 정진바라밀다에 머물러서 온갖 지혜의 지혜를 빨리 증득한다 하느니라.

14

어떤 보살마하살이 겁의 수효를 따져서 한계를 지으면 아무리 용맹스럽고 부지런하게 온갖 보살마하살의 행을 닦아 배워도 오히려 게으른 보살이라 하거니와, 어떤 보살마하살이 생각하기를 한량없고 끝없는 큰 겁을 지나도록 가장 용맹스럽고 부지런하게 온갖 보살마하살의 행을 닦아 배워서 원만케 한 뒤에 끝내 위없는 정등보리를 증득하기 까지 나는 결정코 물러날 생각을 내지 않으리라 하면, 그는 부지런한 보살로서 정진바라밀다에 머물러 온갖 지혜의 지혜를 빨리 증득한다 하느니라.

15

비록 모든 법이 있지 않은 줄 알지만, 위없는 정등보리를 구하고 끝없는 유정들을 위하여 어리석음을 없애는 바른 법을 연설하시나이다. 그러나 어리석음이라는 것도 실제로는 있지 않은 것이며, 또 실제로 어떤 법이 어리석은 이로 하여금 나와 내 것이라는 집착을 내게 하는 것도 없으며, 또 어떤 유정으로 하여금 이것은 진실로 나와 내 것이라는 집착을 내게 하는 법도 없나이다. 어리석음이라는 것은 인연이 합하면 생기나 실제로는 생기는 것이 없고, 인연이 헤어지면 사라지나 실제로 사라지는 것도 없습니다.

만일 어떤 보살마하살이 이렇게 알지만 물러나는 마음이 없으면 이 보살마하살은 정진바라밀다에 머무른 것이며 또 부지런한 보살이라 하겠나이다.

제 9 장

대반야경

정려반야바라밀다분

정려반야바라밀다분

『대반야바라밀다경』 591권

1

만일 어떤 보살마하살이 위없는 정등보리를 증득하고자하면 먼저 첫 선정에 들지니, 첫 선정에 든 뒤에는 생각하기를 '내가 비롯함이 없는 옛적부터 자주 자주 이런 선정에 들어서 할 일을 다 하여 몸과 마음이 고요해졌다. 그러므로 이 선정은 나에게 은덕이 있다. 이제 다시 들어서 할 일을 하리라. 이것은 온갖 공덕의 의지가 된다' 하라.

다음은 둘째 선정에 들지니, 이미 둘째 선정에 든 뒤에는 생각하기를 '내가 비롯함이 없는 옛

적부터 자주자주 이런 선정에 들어서 할 일을 마쳐 몸과 마음이 고요해졌다. 그러므로 이 선정은 나에게 은덕이 있다. 이제 다시 들어서 할 일을 다 하자. 이것이 온갖 공덕의 의지이다' 하라.

이와 같이 셋째 선정 넷째 선정에 들지니, '이 네 가지 선정에 의하여 다섯 가지 신통을 일으키어 마군을 항복시키고 위없는 깨달음을 이루는 것이다' 하라. '이런 선정 바라밀다에 의지해서 좋아함에 따라 반야바라밀다를 이끌어 일으키리라' 해야 하느니라.

또 사리자야 온갖 보살마하살이 모두가 넷째 선정에 의하여 방편을 부려 바른 성품으로서 생멸을 여의는 지위에 들고, 진여를 증득하여 중생의 성품을 여의었으며, 온갖 보살마하살이 모두가 넷째 선정에 의하여 방편을 써서 금강 같은 선정을 이끌어 일으키어 모든 번뇌를 영원히 다하고 여래의 지혜를 증득하느니라.

그러므로 넷째 선정은 보살마하살들에게 큰 은덕이 있어서 보살마하살들로 하여금 처음에 바른 성품으로써 생멸을 여의는 지위에 들어 진여를 증득하고 중생의 성품을 버리게 하며, 마지막으로는 구하려는 위없는 정등보리를 증득하게 하느니라.

이 까닭에 보살마하살들은 자주자주 넷째 선정에 들어야 하나니, 이 보살마하살들은 비록 네 가지 선정에 들더라도 네 가지 선정의 즐거움과 그의 같은 무리인 훌륭하고 좋은 곳에 태어남에 맛들이지 않느니라.

또 사리자야, 보살마하살들이 이와 같은 네 가지 선정에 드는 것으로써 수승한 방편을 삼아 온갖 공덕을 이끌어 일으키나니, 이 보살마하살들이 넷째 선정에 의하여 허공이 끝없는 하늘과 같은 생각을 일으키어 허공이 끝없는 선정을 이끌어 일으키느니라.

이 보살마하살들이 허공이 끝없는 선정에 의하여 의식이 끝없는 하늘의 생각을 일으키어 의식이 끝없는 선정을 이끌어 일으키느니라. 이 보살마하살들이 의식이 끝없는 선정에 의하여 아무것도 없는 하늘과 같은 생각을 일으키어 아무것도 없는 하늘의 선정을 이끌어 일으키느니라. 이 보살마하살들이 아무것도 없는 하늘과 같은 선정에 의하여 생각도 생각 아님도 아닌 하늘의 생각을 일으키어 생각도 생각 아님도 아닌 하늘의 선정을 이끌어 일으키느니라.

이 보살마하살들이 비록 이와 같은 네 가지 무형 선정에 드나, 네 가지 무형 선정과 그에 의하여 얻어지는 태어날 곳에 맛 들여 집착하지 않느니라.

2

보살마하살들은 성문이나 독각의 지위에 떨어질 것을 두려워하기 때문에 생각을 아주 끊는 선정에 들지 않나니, 이 선정의 고요함과 안락함에 집착되어 선뜻 그것을 좋아하여 아라한 과위나 독각의 과위를 증득하든지 열반에 들어서는 안 되기 때문이니라. 보살마하살들이 이런 이치를 보았으므로 비록 생각을 아주 끊는 선정에 들 수 있으나 들지 않느니라.

보살마하살들은 가장 희유하나니, 이른바 아무리 네 가지 선정, 네 가지 무형 선정의 고요함과 안락함에 들더라도 맛 들여 집착하지 않고, 또 물들음을 여의지도 않는 것이니라.

보살마하살들이 비록 네 가지 선정, 네 가지 무형 선정의 고요함과 안락함에 들어서 그 안에서 일어나는 갖가지 미묘하고 고요하고 수승한 공덕을 두루 보고서도 맛 들여 집착하지 않고, 다시 욕심 세계로 돌아와서 방편 선교로써 욕심 세계의 몸에 의하여 보시·계율·참음·정진·선정·반야바라밀다를 부지런히 닦아 배우느니

라.

또 안공·밖 공·안팎 공·공의 공·큰 공·
진리의 공·함 있는 공·함 없는 공·끝내 공·
짬 없는 공·흩어진 공·변함없는 공·본 성품
공·제 모양 공·공통한 모양 공·온갖 법 공·
얻을 수 없는 공·성품 없는 공·제 성품 공·
성품 없는 제 성품 공의 관법을 부지런히 닦아
배우고, 또 모든 법의 진여·법계·법성·허망
치 않은 성품·변하지 않는 성품·평등한 성품
·법의 정함·법의 머무름·실제·허공계·부사
의계의 관법을 부지런히 닦아 배우느니라.

3

또 무명에 의하여 지어감이 있고, 지어감에 의하여 의식이 있고, 의식에 의하여 이름과 물질이 있고, 이름과 물질에 의하여 여섯 감관이 있고, 여섯 감관에 의하여 닿임이 있고, 닿임에 의하여 느낌이 있고, 느낌에 의하여 욕망이 있고, 욕망에 의하여 잡음이 있고, 잡음에 의하여 존재가 있고, 존재에 의하여 태어남이 있고, 태어남에 의하여 늙음 죽음이 있다는 관법을 부지런히 닦아 배우고, 또 무명이 멸하기 때문에 의식이 멸하고, 의식이 멸하기 때문에 이름과 물질이 멸하고, 이름과 물질이 멸하기 때문에 여섯 감관이 멸하고, 여섯 감관이 멸하기 때문에 닿임이 멸하고, 닿임이 멸하기 때문에 느낌이 멸하고, 느낌이 멸하기 때문에 욕망이 멸하고, 욕망이 멸하기 때문에 잡음이 멸하고, 잡음이 멸하기 때문에 태어남이 멸하고, 태어남이 멸하기 때문에 늙음 죽음이 멸한다는 법을 닦아 배우고, 또 괴로움·덧없음·공함·나 없음인 괴로움의 진리의 관법을 부지런히 닦아 배우고, 또 원인 · 쌓임 · 남 · 사라짐 · 고요함 · 묘함 · 여읨인 사라짐의 진리를 부지런히 닦아 배우고, 또 도 · 같음 · 행함 · 벗어남인 도의 진리의 관법을 부지런히 닦아 배우느니라.

4

색 경계의 공함과 공하지 않음의 성품을 도무지 얻을 수 없고, 느낌 · 생각 · 지어감 · 의식의 공함과 공하지 않음의 성품도 도무지 얻을 수 없다고 관찰하나 온갖 지혜의 지혜를 버리지 않으며, 색 경계의 형상 있음과 형상 없음의 성품을 도무지 얻을 수 없고, 느낌 · 생각 · 지어감 · 의식의 형상 있음과 형상 없음의 성품도 도무지 얻을 수 없다고 관찰하나 온갖 지혜의 지혜를 버리지 않느니라.

5

또 빛의 공함과 공하지 않음의 성품을 얻을
수 없고, 소리·향기·맛·닿임·법의 공함과
공하지 않음의 성품도 도무지 얻을 수 없다고
관찰하나 온갖 지혜의 지혜를 버리지 않으며,
빛의 형상 있음과 형상 없음의 성품을 도무지
얻을 수 없고, 소리·향기·맛·닿임·법의 형
상 있음과 형상 없음의 성품도 도무지 얻을 수
없다고 관찰하나 온갖 지혜의 지혜를 버리지 않
느니라.

6

무슨 까닭으로 부처님들이 보살마하살들에게 네 가지 선정과 네 가지 무형 선정에 드는 것을 허락하시면서도 거기에 오래 머물러서 마음에 물드는 것은 허락하시지 않습니까?

보살마하살들은 네 가지 선정과 네 가지 무형 선정에 집착하는 마음을 내어서 장수천에 태어나지 말아야 하기 때문입니다. 그러므로 부처님들은 보살마하살들에게 네 가지 선정과 네 가지 무형 선정에 대하여 집착하는 마음을 내어서 거기에 오래 머무는 것을 허락하시지 않으십니다.

무슨 까닭이겠습니까? 만자자여 욕심세계에 태어나면 온갖 지혜의 지혜를 속히 원만케 할 수 있지만 형상 세계나 무형 세계에 태어나면 그런 작용이 없기 때문입니다. 이에 부처님께서 보살마하살이 장수천에 태어나면 온갖 공덕과 지혜의 지혜를 빨리 증득하지도 못하기 때문이니라.

선정에서 물러나지도 않느니라. 그러므로 보살마하살들은 삼계를 초월하지도 않고 또 물들어 집착하지도 않으면서 방편 선교로써 욕심 세계에 몸을 받아 유정들을 이롭게 하며, 부처님께 가까이 하여 온갖 지혜의 지혜를 빨리 증득하느니라.

여래가 삼계를 초월해도 좋다고 허락한다면 그는 곧 보살의 서원에서 물러나 성문이나 독각의 지위에 머무르게 된다. 여러 부처님들이 이런 이치를 보셨기 때문에 보살마하살들에게 위없는 정등보리를 구하기 위하여 선정바라밀다에 머무는 것을 허락하셨지만 삼계의 법에서 아주 벗어나는 것은 허락하시지 않으셨나니, 보살의 근본 서원에서 물러나서 성문이나 독각의 지위에 머무르지 말아야 하기 때문이니라. 또 만자자야 어떤 보살마하살이 보리의 자리에 앉아서 뭇 수행이 원만해 지면 그 때에 보살마하살들은 비로소 삼계의 법을 아주 벗어나고, 그 까닭에 온갖 지혜의 지혜를 증득하게 되느니라. 그러므로 내가 말하기를 온갖 지혜의 지혜는 삼계를 초월한 것이어서 삼계에 포섭되지 않는다 하노라.

또 사리자야 보살마하살이 보시·계율·참음·정진·선정반야바라밀다와 그 밖에 끝없는 불법을 일으키거나 안공·밖 공과 일체 공법·성

품 없는 제 성품공과 진여·법계·법성 등의 깊
은 이치를 관찰할 때마다 하나하나에 모두 물들
음이 없는 마음을 일으키어 구하려는 온갖 지혜
의 지혜에로 회향하면 이 보살마하살은 이 까닭
에 삼계의 법을 차츰차츰 떠나서 차츰차츰 온갖
지혜의 지혜에로 가까워지느니라.

『대반야바라밀다경』 592권

7

보살마하살들은 큰 서원의 갑옷을 입고 항상 생각하기를 나는 한량없고 끝없는 유정들을 제도해서 남음 없는 열반에 들게 하리라.

나는 부처님의 청정한 법눈이 잠시도 끊이지 않아서 온갖 유정들을 이롭고 안락하게 하리라.

그러나 집착함이 없이 하리니 이른바 아무 유정도 열반을 얻은 이나 위없는 정등보리를 얻은 이가 없는 것이다. 그 까닭이 무엇인가? 모든 법은 나도 없고 내 것도 없으니 뭇 고통이 생길 때엔 오직 괴로움이 생길 뿐이요. 나는 이가 없으며 괴로움이 멸할 때엔 오직 괴로움이 멸할 뿐이요. 아무도 없애는 이가 없다. 그러므로 청정한 법을 얻은 이도 없고 증득한 이도 없는 줄 알겠다 하느니라. 이 까닭에 보살마하살들은 심히 희유하여서 하기 어려운 일을 한다 하노라.

그러하옵니다. 세존이시여 보살마하살들은 심

히 희유하여서 하기 어려운 일을 잘 하나이다. 그 까닭이 무엇인가 하오면 실제로 생멸하는 법이나 열반에 드는 일이나 위없는 정등보리를 증득하는 일이 없지만 보살마하살들은 한량없고 끝없는 유정들을 제도하기 위하여 보살행을 부지런히 수행하여 위없는 정등보리를 증득하려 하고, 유정들에게 탐욕·성냄·어리석음의 법을 영원히 끊는 법을 연설해 주어 부지런히 닦아 배워서 열반을 얻게 하려 하기도 하고, 혹은 유정들에게 보살마하살의 도를 연설해 주어 부지런히 닦아 배워서 위없는 정등보리를 빨리 증득하게 하려 하나이다.

8

부처님께서 말씀하시기를 해가 한량없는 광명을 놓아 남섬부주의 유정들을 두루 비치지만 반딧불은 자기의 몸만을 비칠 뿐 다른 이는 비치지 못하는 것 같이, 보살마하살들이 자신의 번뇌와 나쁜 업을 조복시키고, 또 한량없는 유정들을 제도하여 온갖 번뇌와 나쁜 업을 떠나서 남음 없는 열반의 경지에 들게 하거나 혹은 위없는 정등보리를 증득하게 하지만, 성문들은 자기 몸의 번뇌와 나쁜 업만을 조복시키고 한량없는 유정들을 이롭게 하지 못하나니, 그러므로 성문승의 사람은 보살들의 보살행의 사업이 모두가 수승한 것과 같지 않느니라.

9

보살들도 생각이 아주 사라지는 선정을 얻나니, 이른바 이 선정에서 이미 자유로움을 얻었으나 들지 않을 뿐이니라. 그 까닭이 무엇이냐? 여래는 보살들이 이 선정에 드는 것을 허락하지 않기 때문이니, 여기에 듦으로서 성문이나 독각의 경지에로 물러나지 말게 하기 위함이니라.

또 만자자야, 보살들이 항상 이 선정에 들지 않는 것은 아니다. 이른바 보리의 자리에 앉기 전에는 부처님들께서 들지 말라하시지만 보리의 자리에 앉은 뒤에는 부처님들도 들라고 허락하시느니라. 무슨 까닭이겠느냐? 만자자야 보살들이 이 선정에 듦으로서 성문이나 독각의 경지에 떨어지던지, 부처님과 이승이 같다고 여기기 때문에 부처님들이 그 선정에 들기를 허락지 않으시느니라.

10

보살의 선정바라밀다는 항상 온갖 지혜의 지혜를 멀리 여의지 않고서 불국토를 장엄하고 유정을 이루어 주며, 끝없고 수승한 공덕을 이끌어 일으키나니, 이 까닭에 보살이 머무르는 수승한 선정은 성문이나 독각은 아무도 알지 못하느니라.

보살마하살들은 원만케 되기 전에는 실제로 증득하지 않느니라. 무슨 까닭이겠느냐? 사리자야 이 보살들은 방편 선교로써 유정들의 온갖 지혜의 지혜를 버리지 않기 때문이니라.

이와 같이 보살들이 방편 선교로써 선정바라밀다를 수행하여 실제 안에서 증득하지 않을 수도 있고, 또 생각이 아주 사라진 선정에도 들지 않으며, 보리의 양식을 원만케 하기 전에는 욕심세계의 몸을 받아 보살행을 닦느니라.

제 10 장

대반야경

반야바라밀다분

반야바라밀다분

『대반야바라밀다경』 593권

1

조그마한 법도 반야바라밀다라 부를 법이 진실로 없나니, 심히 깊은 반야바라밀다는 온갖 언어의 도리를 초월했기 때문이니라. 심히 깊은 반야바라밀다는 진실로 이것이 반야바라밀다 이다 할 것이 없으며, 그 반야바라밀다에 속했다 할 것이 없으며, 그 반야바라밀다에 의한다 할 것이 없으며, 그 반야바라밀다에서 생긴다 할 것도 없기 때문이니라. 무슨 까닭이겠느냐? 선용맹아, 지혜가 모든 법의 진실한 성품을 통달했기 때문에 반야바라밀다라 하거니와, 여래의 지혜도 얻을 수 없거늘 하물며 반야바라밀다를 얻을 수 있겠느냐? 선용맹아, 반야라 함은 모든 법을 이해함과 모든 법을 아는 것이므로 반야라 하느니라.

반야라 함은 거짓 시설을 이름하나니, 거짓 시설에 의하여 반야라 하느니라. 반야라 함은 알거나 모르는 것이 아니며, 여기도 저기도 아니므로 반야라 하느니라.

또 선용맹아, 반야라 함은 이른바 지혜로 행할 바이며, 지혜로 행할 바가 아니며, 지혜의 경계가 아닌 것도 아니며, 지혜의 경계도 아니니, 지혜가 온갖 경계를 멀리 여의었기 때문이니라.

만일 지혜가 경계라면 그는 곧 지혜가 아닐지니, 지혜가 아닌데서 지혜가 생길 수 없고, 지혜에서 지혜 아닌 것이 있을 수 없고, 지혜가 생길 수도 없으며, 지혜 아닌 것에 의하여 지혜를 설명할 수 없고, 지혜에 의하여 지혜 아닌 것을 설명할 수 없고, 지혜 아닌 것에 의하여 지혜 아닌 것을 설명할 수 없고, 지혜에 의하여 지혜를 설명할 수도 없느니라. 그러나 이 지혜 아닌

것에 의하여 지혜를 설명하나니, 이 까닭에 지
혜에 의하여 지혜 아닌 것을 설명하느니라. 여
기에서 지혜로운 이가 나타날 수 없나니, 이것
을 지혜라 하느니라.

　지혜 가운데는 실다운 지혜의 성품이 없고, 또
실다운 지혜가 지혜의 성품에 머무는 바도 없나
니, 지혜와 지혜의 성품을 모두 얻을 수 없고,
지혜 아님과 성품도 그러하느니라.

　만일 여실하게 지혜와 지혜 아님을 모두 얻을
수 없고, 지혜와 지혜 아님을 여실히 두루 알면
이것을 지혜라 하느니라. 그러나 지혜의 진실한
성품은 말한 바와 같지 않나니, 그 까닭이 무엇
이겠는가. 지혜의 진실한 성품은 이름과 말을
여의었기 때문이니라. 지혜는 지혜의 경계가 아
니요, 지혜 아님의 경계도 아니니, 지혜는 온갖
경계를 초월했기 때문에 지혜의 경계나 지혜 아
님의 경계라고 말할 수 없느니라.

　선용맹아, 이것이 지혜의 모습을 여실히 연설
하는 것이나 이러한 지혜의 모습도 실제로는 말
할 수 없고 여읠 수도 없느니라. 그러나 유정들

이 아는바에 따라 말하고 보이거니와 능히 안다는 것도 말할 수 없나니, 지혜의 경계도 있지 않거늘 하물며 지혜로운 이가 있겠느냐. 만일 이와 같이 여실히 알고 여실히 수순하여 깨달으면 이것을 반야라 하느니라.

또 선용맹아, 만일 이와 같이 관찰하고 증득하면 이는 세간을 벗어난 반야라 하거니와, 이렇게 말한 세간을 벗어난 반야라 말할 수 없느니라. 그 까닭이 무엇이겠느냐. 세간도 있지 않거늘 하물며 세간 밖이겠느냐. 벗어난 바도 있지 않거늘 벗어나는 이가 있겠느냐. 그 까닭이 무엇이겠느냐? 세간과 세간 밖과 벗어나는 이와 벗어나는 이를 도무지 얻을 수 없으므로 세간을 벗어난 반야라 할 수 있느니라. 그러나 얻은 바가 있으면 세간을 벗어난 반야라 할 수 없나니, 이 반야의 성품도 얻을 수 없고, 있음과 없음 따위 얻을 수 있는 성품을 여의었기 때문이니라.

또 선용맹아, 세간이란 거짓 세움을 말한 것이나 거짓으로 세운 세간을 실제로 벗어나는 것이

아니니라. 그러나 모든 거짓을 벗어나는 까닭에
세간을 벗어난다 하느니라.

2

또 세간을 벗어난다 함은 실제로 세간을 벗어나거나 벗어나지 않음이 있는 것이 아니니 그 까닭이 무엇이겠느냐. 여기에는 도무지 벗어날 바가 없고, 조그마한 법도 벗어난 것을 얻을 수 없으므로 세간을 벗어난다 하느니라.

또 세간을 벗어난다 함은 세간도 세간 밖도 없으며, 벗어남도 벗어나지 않음도 없으므로 세간을 벗어난다 하나니, 만일 이와 같이 여실히 알면 이것이 세간을 벗어난 반야라 하느니라. 그러나 이러한 반야도 말한 바와 같지 않나니, 그 까닭이 무엇이겠느냐. 세간을 벗어난 반야는 온갖 언어를 초월했기 때문이니라.

비록 세간을 벗어난다 하나 벗어난 바가 없고, 비록 반야라 하나 아는 바가 없나니, 벗어난 바와 아는 바를 모두 얻을 수 없기 때문이며, 벗어나는 이와 아는 이를 얻을 수 없기 때문이니라. 이와 같이 여실히 알면 이것이 세간을 벗어난 반야라 하느니라. 이 반야는 벗어나지 않은 바가 없기 때문이니, 그러므로 세간을 벗어난 반야라 하느니라.

3

만일 반야가 통달하는 바가 있다면 이는 거짓으로 세운 것이니, 그것이 거짓으로 세운 것이라면 통달하는 반야라 할 수 없느니라. 이른바 여기에는 아무것도 없나니 이것도 저것도 없고, 중간도 없으며, 통달하는 이와 통달하는 바와 통달하는 것과 통달하는 때와 통달하는 이도 없기 때문에 통달이라 하느니라.

또 여기에는 아무것도 없나니, 행하는 이도 없고 행하는 곳도 없고, 이것도 저것도 없고, 중간도 없으므로 통달이라 하느니라.

또 통달하는 지혜를 통달이라 함은 이 통달하는 지혜에 아무것도 없어서 위아래도 없고, 더디고 빠름도 없고, 나아가고 물러감도 없고, 가고 옴도 없으므로 통달한다 하느니라.

반야를 어떻게 통달하는가. 이른바 거짓으로 형상을 세움으로서 통달함이 있는 것이니라. 모든 거짓 세운 형상은 모두가 형상이 아니니, 이러한 형상 아닌 것을 거짓 세운 형상이라 하느니라.

또 선용맹아, 누구든지 이와 같은 반야를 성취

하면 그는 곧 삼계를 여실히 통달하나니 어떤 것이 삼계를 여실히 통달하는 것인가. 이른바 삼계가 아니므로 삼계라 말하는 것이니라. 그 까닭은, 여기에는 통달하는 세계가 없거늘 삼계를 통달한다 하면 곧 세계가 아니기 때문이니라. 이와 같이 삼계를 통달하는 까닭에 통달하는 반야라 하느니라.

이른바 통달하는 반야를 성취하면 여섯 가지 항상 한 성품을 갖추나니, 통달하는 반야는 온갖 삼계에 물 들은 집착을 멀리 여의고, 온갖 악마의 올가미를 초월하느니라. 어떤 비구들의 금강 같은 선정이 통달하는 지혜의 포섭을 받으면 관찰하는 법마다 통달하지 못함이 없고, 이 통달하는 지혜가 금강 같은 선정에게 포섭되어도 관찰하는 법마다 통달치 못할 것이 없느니라. 만일 어떤 이가 이와 같은 통달하는 지혜를 성취하면 세간을 벗어나서 뭇 고통을 다하고, 뭇 고통이 다하여서 물들음이 없는 경지에 이르느니라. 이와 같이 밝음을 성취하면 온갖 고통을 없애고, 온갖 태어남·늙음·병·죽음·근심·고통·걱정·번뇌의 법을 없애면 이것이 세간을 벗어나서 통달하는 반야이니라.

또 선용맹아, 나는 이러한 이치에 의하여 비밀
히 말하기를 온갖 세간에서는 지혜가 가장 수승
하나니, 이른바 모든 법의 진실한 성품을 통달
하는 것이니라.

4

모든 인연에 의하여 모든 법이 일어날 수 있기 때문에 연기라 하느니라. 이러한 연기는 도무지 있지 않나니, 이것이 연기를 통달한다 하며, 또 연기를 두루 안다 하느니라. 이른바 여실히 일어남이 없음을 나타내나니, 일어남이 없기 때문에 연기라 하고, 평등하여 일어남이 없기 때문에 연기라 하느니라. 이른바 여기에서는 일어남도 얻을 수 없거늘 하물며 멸함이 있겠느냐. 연기를 깨달음에 따라 순함과 거슬림을 모두 얻을 수 없나니, 평등하게 일어남이 없기 때문에 연기라 하느니라.

만일 평등하게 일어남이 없으면 남이 없고, 남이 없으면 과거도 없고 이미 난 것도 없으면 멸함도 없을 것이요, 멸함이 없으면 생멸 없는 지혜이니, 그 생멸 없는 지혜에 의하여 다시 태어나지도 않고, 또 열반을 증득하지도 않느니라.

생멸 없음에 의한 까닭에 사라짐이 없지만 생멸 있음에 의한 까닭에 사라짐이 있다고 시설하나니, 이미 남이 없는 까닭에 사라짐도 없느니라. 온갖 법에서 이렇게 알고 보고 통달하고 증득하면 다함의 지혜라 하느니라. 지혜도 있지 않거늘 하물며 어리석음이겠느냐.

5

어리석음을 다한 것을 다함의 지혜라 하고, 온 갖 어리석음의 법을 두루 아는 까닭에 어리석음을 다한다 하느니라.

어리석음의 법에 다함과 다하지 않음이 있는 것이 아니니라. 그러나 이 어리석음을 여읜 까닭에 다함의 지혜라 하고, 이 어리석음의 법이 도무지 있지 않은 것임을 여실히 두루 아는 까닭에 여의었다 하느니라.

이러한 지혜에 의하여 어리석음의 법을 따로 얻을 것이 없음을 알면 어리석음의 법을 여의었다 하느니라. 지혜도 있지 않거늘 하물며 어리석음이 있겠느냐. 만일 이를 다하고서 벗어난다면 다함의 지혜라 하느니라.

비록 이와 같이 말하나 말과는 같지 않나니, 모든 다함의 지혜는 도무지 말할 수 없는 것이어서 다만 거짓으로 세운 이름으로 어리석음을 다한다 하기도 하고, 다함의 지혜라고도 하느니라. 만일 이와 같은 다함의 지혜로써 모든 법을 관찰하면 다함의 지혜도 없는 것이니, 만일 이와 같이 알면 그는 곧 다함의 지혜를 떠나서 다함없는 경지에 이르는 것이다.

이 다함없는 경지라 함은 곧 경계가 없으며, 또한 열반의 경지이니라. 비록 이렇게 말하나 말과는 같지 않나니, 온갖 법이 모두가 짬 없음이며, 또 열반의 경지이기 때문이니라. 모든 경지가 끊인 까닭에 열반의 경지라 하느니라. 비록 이렇게 말하나 말과는 같지 않나니, 열반의 경지는 영원히 이름과 말을 여의었고, 온갖 이름과 말이 그 안에서 영원히 사라졌기 때문이니라.

또 선용맹아, 여래는 비록 열반의 경계가 있다고 말했으나 말과는 같지 않나니, 열반의 경계는 도무지 말할 수 없는 것이어서 온갖 언설을 초월하였고, 열반의 경계에서는 모든 언설이 영원히 끊겼기 때문이니라. 만일 이와 같이 열반의 경계의 모습을 설명하면 그는 곧 세간을 벗어나고 통달하는 반야의 모습을 잘 설명했다 하느니라.

또 선용맹아, 열반의 경계는 장소를 설명해서 여기에 있다, 저기에 있다 할 수 없기 때문에 열반은 진실로 설명할 수 없느니라.

6

여기에는 어떤 물건도 보리라 할 것이 없기 때문에 여기에는 수순해서 깨닫는 것도 없느니라. 무슨 까닭이겠는가. 선용맹아, 만일 보리를 조금이라도 얻을 수 있다면 이는 곧 보리의 안에서 또 보리를 얻는 것이니라. 그러나 보리 안에서는 보리가 있지 않느니라.

그러므로 이와 같이 보리를 증득하라. 즉 수순해서 깨닫지 않고, 통달하지 않기 때문에 깨닫는다고, 비록 이렇게 말하나 말과는 같지 않나니, 온갖 법은 수순해서 깨달을 수 없고 통달할 수 없기 때문이니라.

7

또 법과 법 아님이 모두 제 성품이 없나니,
이 이치를 깨닫는 까닭에 보리라 하느니라. 무
슨 까닭이겠는가. 선용맹아, 여래·응공 정등각
이 보리를 얻는 것이 아니며, 요달한 것도 아니
니, 여실한 보리는 요달할 수 없고 표시할 수
없기 때문이니라. 또 여래·응공·정등각이 보
리를 내거나 일으키는 것도 아니니, 보리에는
나는 성품과 일어나는 성품이 없기 때문이니라.

또 선용맹아, 보리라 함은 매인 바가 없으며,
보리의 안에는 조금의 유정이나 유정의 시설이
없나니, 보리의 안에 유정의 시설이 없다면 어
떻게 이것은 보리의 살타요, 이는 보리살타의
반야바라밀다라 할 수 있겠느냐.

또 선용맹아, 보리 안에는 보리를 얻을 수 없
고, 보리 안에서는 살타도 얻을 수 없나니, 무슨
까닭이겠느냐. 선용맹아, 보리는 초월한 것이며,
보리는 남이 없는 것이며, 보리는 일어남이 없
는 것이며, 보리는 형상이 없는 것이어서 보리
안에 살타의 성품이 있지 않고, 보리 안에서 살

타를 얻을 수 없고, 살타에 의하여 보리를 시설하지 않고, 보리에 의하여 살타를 시설한 것도 아니니, 살타의 제 성품이 없음을 수순해서 깨달은 까닭에 보리라 하고, 보리 가운데 실제 살타가 없음을 알기 때문에 보리살타라 하느니라.

무슨 까닭이겠느냐. 선용맹아, 보리살타라 함은 살타의 생각에 의하여 나타난 바가 아니요, 살타의 생각을 제하기 때문에 보살이라 하느니라. 비록 이렇게 말하나 말과는 같지 않나니, 그 까닭이 무엇이겠느냐. 보리살타는 이름과 말을 여윈 까닭이니라. 보리살타가 살타의 성품을 여의고, 보리살타가 살타의 생각을 떠나서 보리를 아는 까닭에 보살이라 하느니라.

어떤 것이 보살이 보리를 아는 것이겠는가. 이른바 보리는 온갖 것을 초월한 줄 아는 것이니라. 보리는 지음이 없고, 보리는 남이 없고, 보리는 멸함이 없나니, 보리의 성품으로써 보리를 깨닫는 것이 아니며, 또 보리는 나타내는 바도 아니니라. 나타낼 수 없고, 시설할 수 없고, 이끌어 움직일 수 없으므로 보리라 하느니라.

만일 어떤 이가 분별할 바 없는 것을 뒤바뀜 없이 수순해서 깨달아 통달하면 분별이 영원히 끊어지리니, 그러므로 보리살타라 하느니라. 비록 이렇게 말하나 말과는 같지 않나니, 무슨 까닭이겠느냐? 선용맹아 보리살타란 얻을 수 없는 것이기 때문이니라. 만일 보리살타를 얻을 수 있다면 그는 곧, 이는 보리요 이것은 보리에 속한 것이요, 이는 살타요, 이는 살타에 속한 것이라 할 수 있으리라. 그러나 이는 보리요, 이는 보리에 속했다 할 수 없으며, 또 이는 살타요, 이는 살타에 속했다 할 수 없느니라. 그러나 실제로 살타가 없음을 수순해서 깨닫나니, 살타의 본성이 없고, 살타의 본성을 여의었기 때문에 보살이라 하며, 살타의 생각이 없음으로서 살타의 생각을 제한 까닭에 보살이라 하느니라.

8

유정의 세계는 있음의 성품이 아니기 때문이며, 여러 유정계들은 있음의 성품을 여의었기 때문이니라.

유정의 세계가 더하고 줄음을 시설할 수 없는 것 같이 모든 법도 그러하여서 줄음과 더함이 있다고 시설할 수 없나니, 모든 법이 모두가 진실한 성품이 없으므로 줄음과 더함이 있다고 말할 수 없느니라. 만일 이와 같이 모든 법을 수순해서 깨달으면 그는 불법을 수순해서 깨달았다 하느니라.

9

온갖 법에 더함과 줄음이 없기 때문에 불법이라 하거니와, 불법이라 함은 불법이 아님을 강조하는 말이니, 불법을 어떤 물건이 늘게 하거나 줄게 하는 것이 있지는 않느니라. 그 까닭이 무엇이겠느냐. 만일 온갖 법을 수순해서 깨달으면 여기에는 어떤 법도 늘거나 주는 것이 없느니라.

유정의 세계와 그 법계는 차별이 있지 않으며, 유정의 세계와 그 법계는 늘거나 줄거나 얻거나 있음이 아니니, 이와 같이 수순하여 깨달으면 곧 보리라 하느니라. 이 까닭에 불법은 줄음과 늘음이 있다고 시설할 수 없다 하느니라.

또 선용맹아, 늘고 줄음이 없는 성품을 어떤 이가 여실히 분별하지 않게 되면 그는 여실히 보았다 하거니와, 여기에 취하고 버릴 것이 있지는 않나니, 이와 같이 수순하여 깨달으면 보리라 하느니라. 선용맹아, 보리라 함은 곧 부처의 모습이니, 어떤 것이 부처의 모습이겠느냐. 이른바 온갖 모양이 끝내 없음의 모양임이 부처의 모습이니라. 무슨 까닭이겠느냐? 끝내 모양 없음의 모양과 부처의 모습은 제성품이 여의었기 때문이니라. 이렇게 수순하여 깨달으면 보리니라.

비록 이렇게 말하나 말과는 같지 않나니, 무슨 까닭이겠느냐. 선용맹아, 이와 같은 법을 수순하여 깨달음으로서 보살이라 하거니와, 어떤 보살이 이러한 법성을 실제로는 알지 못하면서도 말하기를 '나는 능히 수순하여 깨달았다' 하고 보살이라 자칭하면, 그러한 무리는 보살의 경지에서 멀어지고, 보살의 법에서 멀어졌으며, 보살의 이름으로서 하늘·인간·아수라들을 속이는 것이니라.

10

분별의 행에 의하는 온갖 어리석은 범부는 허망한 경계를 반연하여 뒤바뀐 행을 하고, 또 보리를 반연하여 교만한 집착을 일으키나니, 그들은 허망한 경계를 반연하여 뒤바뀌고 교만한 행과 분별하는 행을 일으키는 까닭에 보살의 법도 얻을 수 없거늘 하물며 보리를 얻을 수 있겠느냐. 만일 이와 같은 법을 깨달아 알면 다시는 허망을 반연하는 행을 일으키지 않고, 또 다시는 모든 법을 반연하여 교만을 일으키지 않으리니, 이것이 보살이 행할 것 없음을 행하는 것이니라.

보살은 분별에 의한 까닭에 분별의 행을 일으키지 말아야 하리니, 만일 여기에서 분별하는 바가 없으면 여기에 행하는 바가 있지 않을 것이요, 여기에서 분별을 일으키지 않으면 여기에 다시 행하는 바도 없으리라.

부처님과 보살은 온갖 행에서 분별하는 바가 없이 수행하기 때문에 온갖 교만이 끝내 일어나지 않나니, 보살들이 이와 같이 온갖 법을 알면 온갖 법을 다시는 반연치 않고, 다시는 분별치 않고, 노닐지도 밟지도 않으리라. 이것이 참다운 보살의 행이라 하나니, 행할 바 없음으로서 방편을 삼기 때문이니라. 만일 보살들이 이와 같이 행하면 이것이 진실한 보살행이라 하나니, 무슨 까닭이겠느냐? 선용맹아, 능히 이와 같이 모든 법을 수순하여 깨닫고, 모든 법을 통달함으로서 보살이라 불리기 때문이니라.

11

나와 내 것이란 집착으로 집착하는 바와 믿는 바는 모두가 실제로 있지 않고 모두가 허망 하느니라. 그러므로 말하기를 온갖 유정이 진실로 유정이 아니요, 온갖 유정이 모두가 무명에 의하여 지어감을 일으키는 유정이라 하노라.

또 선용맹아, 유정이란 이름에 조그만치도 나라고 집착하거나 내 것이라고 집착할 수 있는 진실한 법이 있지 않으며, 또 두 가지 집착에 집착되거나 믿어질 법이 있지 않거니, 진실한 법이 없으므로 온갖 유정이 진실로 유정이 아니라 하노라.

또 선용맹아, 진실이 아니라 함은 이른바 여기에 진실함도 없고 일어남도 없는 것이니, 온갖 법이 모두가 진실함이 없고 일어남도 없기 때문이니라. 여기에서 유정들이 허망하게 집착하여 스스로가 얽매이나니, 그러므로 말하기를 온갖 유정은 모두가 허망을 반연하는 유정이라 하노라.

『대반야바라밀다경』 594권

12

보살이라 함은 온갖 법에 대하여 부처님과 같게 여실히 아는 것이니, 어떤 것이 부처님과 같게 아는 것이겠느냐. 이른바 온갖 법성에 실제가 없고, 남이 없고, 허망함도 없음을 여실히 아는 것이니라.

선용맹아, 보리라 함은 집착하는바 없고, 분별하는바 없고, 쌓는바 없고, 얻는바 없기 때문이니라.

또 선용맹아, 여래·응공·정등각들이 보리의 성품을 조그만치도 얻는 바가 없나니, 온갖 법이 얻을 수 없기 때문이니라. 법을 얻음이 없는 것을 보리라 하나니, 부처님들의 보리도 이렇게 설명해야 하느니라. 그러나 말과 같지 않나니, 모든 형상을 여읜 때문이니라.

선용맹아, 실제로 보리의 마음을 일으킬 이가 없나니, 보리의 마음을 일으킬 수 없기 때문이며, 보리는 남도 없고 마음도 없기 때문이니라.
그러나 그 보살들은 오직 발심만을 집착했을 뿐
보리에서는 마음을 내는 이치가 없음을 알아야
하느니라.

13

또 선용맹아, 보리와 마음은 제각기 차이가 있지 않나니, 마음 안에 진실로 보리가 있는 것이 아니요, 보리 안에 진실로 마음이 있을 수도 없느니라. 보리와 마음은 실답고 이치와 같아서 그것이 깨달음인가 마음인가를 말할 수 없느니라. 보리와 마음이 모두 얻을 수 없고, 남이 없고, 나지 않음을 여실히 깨달은 까닭에 보살이라 하며, 마하살이라 하며, 여실한 유정이라 하느니라.

그 까닭이 무엇이겠느냐. 실제로 있지 않은 성품을 여실히 알고, 어느 것이 실제로 있지 않은 성품인가를 여실히 알기 때문이니, 이른바 세간은 모두 실제로 있지 않고 실제로 포섭되지 않고, 실제로 남이 없이 다만 거짓으로 나란히 세워진 것이다 함이니라.

어떤 것이 세간이 실제로 남이 있지 않고 다

만 거짓으로 나란히 세워진 것인가. 실제로 있지 않다 함은 실제로 남이 없기 때문이니, 실제로 남이 없고, 실제로 있지 않기 때문에 모든 법은 실다움이 없고 성품도 없다 하느니라.

이와 같이 실제로 있지 않은 성품을 여실히 아는 까닭에 여실한 유정이라 할 수 있으며, 실제로 있지 않은 가운데서도 실제로 있다고 집착하지 않기 때문에 여실한 유정을 여실함을 따르는 유정이라고 할 수 있느니라. 비록 이와 같이 말하나 말과는 같지 않나니, 그 까닭이 무엇이겠느냐. 여실한 이치에는 조그마한 유정이나 마하살도 있지 않기 때문이니라.

14

큰 지어감 들의 쌓임을 멀리 여읜 까닭에 마하살이라 하며, 큰 유정의 생각을 멀리 여의면 마하살이라 하나니, 그는 온갖 마음과 마음의 법에서 얻은 바가 없으나 마음의 본 성품을 분명히 알며, 그가 보리와 보리의 얻은 바는 없으나 능히 보리의 본 성품을 분명히 아느니라.

그는 이 지혜에 의하여 마음 안에 보리가 있다고 보지 않고, 마음을 떠나서 보리가 있다고 보지도 않고, 보리 안에 진실한 마음이 있다고 보지도 않고, 보리를 떠나서 진실한 마음이 있다고 보지도 않나니, 이와 같이 제하고 버리어서 닦아 익힐 것이 없게 되고, 더 버릴 것이 없게 되며, 닦아 익힌바와 버린 바에서 도무지 얻는바가 없고, 자세하지도 않고, 집착하지도 않으며, 비록 보리나 마음 성품을 보지는 않지만 능히 큰 보리의 마음의 마음을 일으키느니라. 만일 이와 같이 보리의 마음을 일으키면 비로소 진실한 보살이라 불리느니라.

그들이 비록 이와 같이 보리의 마음을 일으키나 보리를 이끌어 일으키는 바가 없나니, 무슨 까닭이겠느냐. 선용맹아, 그는 이미 큰 보리에 편안히 머물렀기 때문이니라. 만일 이와 같이 집착함이 없어 도무지 마음과 보리의 생멸하는 차별이 있다고 보지 않고, 또 큰 보리에로 향하려는 마음을 일으키는 이가 있다고 보지도 않고, 소견도 없고 집착도 없고 분별도 없으면 그는 이미 위없는 보리에 머무는 것이니라. 만일 이와 같이 집착한 바 없이 수승한 견해와 해탈의 마음을 일으키면 그는 진실한 보살이라 하느니라.

15

또 선용맹아, 만일 어떤 보살이 마음의 생각과 보살의 생각을 여의지 않고, 보리의 마음을 일으키면 그는 보리를 멀리 여의는 것이요, 보리에 가까워지는 것이 아니니라.

또 선용맹아, 보살들이 보리에 멀고 가까움이 있다고 여기지 않으면 그는 위없는 보리에로 가까워지는 것이며, 참으로 보리의 마음을 일으킨 이라 불리나니, 나는 이런 이치에 의하여 비밀한 말로 말하기를 '만일 둘 없는 모양을 스스로가 알면 그는 온갖 불법을 여실히 알았다' 하노라. 이 까닭이 무엇이겠느냐. 그는 능히 나와 유정이 모두 제 성품이 없음을 증득해서 모든 법이 둘이 없음을 두루 알았기 때문이니, 모든 법이 둘이 없음을 두루 알기 때문에 결정코 나와 유정과 온갖 법이 모두 성품이 없음으로서 제 성품을 삼아 이치에서 볼 때에 차별이 없음을 깨달아 아느니라. 만일 모든 법이 둘이 없음을 깨달으면 곧 온갖 불법을 깨닫고, 만일 모든 법이 둘이 없음을 두루 알면 곧 온갖 불법을 두루 알고, 만일 나를 두루 알면 곧 삼계를 두루 아는 것이니라.

16

또 선용맹아, 만일 '나'(실상)를 두루 알면 그는 능히 모든 법의 저 언덕에 이르나니, 어떤 것이 모든 법의 저 언덕이겠느냐. 이른바 온갖 법의 평등하고 진실한 성품이니라. 만일 이를 얻지 못하면 이를 집착하지 않고, 저 언덕을 얻지 못하면 저 언덕을 집착하지도 않나니, 그것이 두루 알아서 저 언덕에 이르는 이라 하느니라. 그러나 이렇게 말하지만 말과는 같지 않느니라.

또 선용맹아, 보살들은 의당 이와 같이 보살의 경지에 나아가고, 이와 같이 보살의 경지를 증득하면 그는 보살의 반야바라밀다라 불릴 수 있느니라. 이른바 여기에는 조그마한 법도 나아갈 곳이나 증득할 것이 없는 것이니, 여기에는 가고 옴이 있다고 시설할 수 없기 때문이니라.

17

선용맹아, 온갖 법 그대로가 반야바라밀다가 아니요, 온갖 법을 여읜 것도 반야바라밀다가 아니니, 무슨 까닭이겠느냐. 선용맹아, 온갖 법의 반야바라밀다가 온갖 법 그대로가 아니며, 온갖 법의 반야바라밀다와 같아서 온갖 법도 그러하기 때문이니라.

선용맹아, 여기에서 온갖 법의 반야바라밀다는 온갖 법 그대로가 아니라 함은 온갖 법이 얽매임을 여의었다는 말이요, 온갖 법의 반야바라밀다와 같아서 온갖 법도 그렇다 함은 온갖 법의 제 성품이 그렇다 함이니, 이는 곧 온갖 법이 모든 성품과 같아서 본 성품을 얻을 수 없다는 말이니라.

만일 온갖 법이 모든 성품과 같아서 본 성품을 얻을 수 없으면 반야바라밀다도 그러하느니라.

또 선용맹아, 이러한 반야바라밀다는 물질에 의하지 않고, 느낌·생각 지어감·의식에도 의하지 않았으며, 이러한 반야바라밀다는 눈에 의하지 않고, 귀·코·혀·몸·뜻에도 의하지 않았으며, 이러한 반야바라밀다는 빛에 의하지 않고, 소리·향기·맛·닿임·법에도 의하지 않았으며, 이러한 반야바라밀다는 눈·경계에 의하지 않고, 귀·코·혀·몸·뜻·경계에도 의하지 않으며, 이러한 반야바라밀다는 빛·경계에 의하지 않고, 소리·향기·맛·닿임·법·경계에도 의하지 않으며, 이러한 반야바라밀다는 눈알음의 경계에도 의하지 않고, 귀·코·혀·몸·뜻·알음의 경계에도 의하지 않았나니, 이러한 반야바라밀다는 온갖 법의 어디에도 의지한 곳이 없느니라.

또 선용맹아, 이러한 반야바라밀다는 물질의 안에 있지 않고, 물질의 밖에 있지 않고, 두 쪽을 떠나서 먼 곳에 있지도 않으며, 느낌·생각·지어감·의식이 안에서 있지도 않으며, 또한 밖에 있지도 않고, 두 쪽을 떠나서 먼 곳에 있지도 않느니라. 또 이러한 반야바라밀다는 눈의 안에 있지 않고, 눈 밖에 있지도 않고, 두 쪽을 떠나서 먼 곳에 있지도 않으며, 귀·코·혀·몸

·뜻 안에 있지도 않고, 귀·코·혀·몸·뜻밖
에 있지도 않고, 두 쪽을 떠나서 먼 곳에 있지
도 않느니라.

18

또 선용맹아, 물질의 진여·허망치 않는 성품·변하지 않는 성품·있는 그대로의 성품이 반야바라밀다 이며, 느낌·생각·지어감·의식의 진여·허망치 않는 성품·변하지 않는 성품·있는 그대로의 성품이 반야바라밀다 이니라. 눈·귀·코·혀·몸·뜻의 진여·허망치 않은 성품·변하지 않는 성품·있는 그대로의 성품이 반야바라밀다 이며, 빛의 진여·소리·향기·맛·닿임·법의 진여·허망치 않은 성품·변하지 않는 성품·있는 그대로의 성품이 반야바라밀다이니라.

19

또 선용맹아, 물질의 성품·느낌·생각·지어
감·의식은 성품을 여의었나니, 무슨 까닭이겠
느냐. 느낌·생각·지어감·의식 가운데 느낌·
생각·지어감·의식의 성품이 있는 것이 아니기
때문이니, 이 없는 것이 반야바라밀다이니라.

또 눈·귀·코·혀·몸·뜻이라 함은 눈·귀
·코·혀·몸·뜻의 성품을 여의었나니 그 까닭
이 무엇이겠느냐. 눈·귀·코·혀·몸·뜻 안에
눈·귀·코·혀·몸·뜻의 성품이 있는 것이 아
니기 때문이니, 이 없는 것이 반야바라밀다이니
라. 또한 빛·소리·향기·맛·법도 또한 이와
같으니라.

20

온갖 법이라 함은 온갖 법의 성품을 여의었나니, 그 까닭이 무엇이겠느냐. 온갖 법 가운데 온갖 법의 성품이 있지 않기 때문이니, 이 없는 것이 반야바라밀다이니라.

또 선용맹아, 물질의 제 성품은 물질을 여의었고, 느낌 · 생각 · 지어감 · 의식의 제 성품은 느낌 · 생각 · 지어감 · 의식을 여의었나니, 여 여윔의 제 성품이 반야바라밀다이니라.

눈 · 귀 · 코 · 혀 · 몸 · 뜻 경계의 제 성품은 눈 · 귀 · 코 · 혀 · 몸 · 뜻의 제 성품을 여의었나니, 이 여윔의 제 성품이 반야바라밀다이며 빛 · 소리 · 향기 · 맛 · 닿임 · 법 경계의 제 성품은 빛 · 소리 · 향기 · 맛 · 닿임 · 법 경계를 여의었나니, 이 여윔의 제 성품이 반야바라밀다이며 또 온갖 법의 제 성품은 온갖 법을 여의었나니, 이 여윔의 제 성품을 반야바라밀다라 하느니라.

21

또 선용맹아, 물질·느낌·생각·지어감·의식
은 물질·느낌·생각·지어감·의식의 제 성품
이 없나니, 이제 성품 없음이 반야바라밀다이니
라. 눈은 눈의 제 성품이 없고, 귀·코·혀·몸
·뜻의 제 성품은 귀·코·혀·몸·뜻의 제 성
품이 없나니, 이 제 성품 없음이 반야바라밀다
이니라.

빛은 빛의 제 성품이 없고, 소리·향기·맛·
닿임·법은 소리·향기·맛·닿임·법의 제 성
품이 없나니, 이 제 성품 없음이 반야바라밀다
이니라. 또 온갖 법은 온갖 법의 제 성품이 없
나니, 이 제 성품 없음이 반야바라밀다이니라.

22

또 선용맹아, 물질들은 물질들의 행할 바가 아니요, 느낌·생각·지어감·의식들은 느낌·생각·지어감·의식들의 행할 바가 아니니라. 선용맹아, 물질들은 물질들의 행할 바가 아니기 때문에 아는 바와 보는 바가 없나니, 물질들에 대하여 아는 바와 보는 바가 없으면, 이것을 반야바라밀다라 하느니라. 선용맹아, 느낌·생각·지어감·의식도 또한 느낌·생각·지어감·의식의 행할 바가 아니기 때문에 아는 바와 보는 바가 없나니, 느낌·생각·지어감·의식들에 대하여 아는 바와 보는 바가 없으면 이것을 반야바라밀다라 하느니라.

23

선용맹아, 눈 경계는 눈 경계의 행할 바가 아니요. 귀·코·혀·몸·뜻·경계도 귀·코·혀·몸·뜻·경계의 행할 바가 아니니라. 선용맹아, 눈 경계는 눈 경계의 행할 바가 아니기 때문에 아는 바와 보는 바가 없나니, 눈 경계에 대하여 아는 바와 보는 바가 없으면 이것을 반야바라밀다라 하느니라. 선용맹아, 귀·코·혀·몸·뜻·경계도 귀·코·혀·몸·뜻·경계의 행할 바가 아니기 때문에 아는 바와 보는 바가 없나니, 만일 귀·코·혀·몸·뜻·경계에 대하여 아는 바와 보는 바가 없으면 이것을 반야바라밀다라 하느니라.

24

선용맹아, 빛 경계는 빛 경계의 행할 바가 아니요. 소리·향기·맛·닿임·법·경계도 소리·향기·맛·닿임·법·경계의 행할 바가 아니니라. 선용맹아, 빛 경계는 빛 경계의 행할 바가 아니기 때문에 아는 바와 보는 바가 없나니 빛 경계에 대하여 아는 바와 보는 바가 없으면 이것을 반야바라밀다라 하느니라. 선용맹아, 소리·향기·맛·닿임·법·경계도 소리·향기·맛·닿임·법·경계의 행할 바가 아니기 때문에 아는 바와 보는 바가 없나니, 만일 소리·향기·맛·닿임·법·경계에 대하여 아는 바와 보는 바가 없으면 이것을 반야바라밀다라 하느니라.

25

선용맹아, 온갖 법은 온갖 법의 행할 바가 아니니라. 선용맹아, 온갖 법은 온갖 법의 행할 바가 아니기 때문에 아는 바와 보는 바가 없나니, 온갖 법에 대하여 아는 바와 보는 바가 없으면 이것을 반야바라밀다라 하느니라.

26

또 선용맹아, 물질들과 물질들은 합하지도 않고 여의지도 않으며, 느낌 · 생각 · 지어감 · 의식들은 느낌 · 생각 · 지어감 · 의식들과 합하지도 않고 여의지도 않나니, 이와 같이 합하지도 않고 여의지도 않으면 이것을 반야바라밀다라하며, 이와 같이 느낌 · 생각 · 지어감 · 의식들이 합하지도 않고 여의지도 않으면 이것을 반야바라밀다라 하느니라.

27

선용맹아, 빛 경계는 빛 경계와 합하지도 않고, 여의지도 않으며, 소리·향기·맛·닿임·법·경계는 소리·향기·맛·닿임·법·경계와 합하지도 않고 여의지도 않나니, 이와 같이 빛 경계와 합하지도 않고 여의지도 않으면 이것을 반야바라밀다라하고 이와 같이 소리·향기·맛·닿임·법·경계와 합하지도 않고, 여의지도 않으면 이것을 반야바라밀다라 하느니라.

28

색·성·향·미·촉·법 밖의 여섯 경계가 얽매인 것이 아니요, 얽매임을 여읜 것도 아니면 이것이 반야바라밀다 이니라. 선용맹아, 온갖 법이 얽매인 것이 아니요, 얽매임을 여읜 것도 아니니, 이와 같이 온갖 법이 얽매인 것도 아니요, 얽매임을 여읜 것도 아니면 이것이 반야바라밀다 이니라.

29

또 선용맹아, 온갖 법은 죽음이 아니요, 남도 아니니, 이와 같이 온갖 법이 죽음이 아니요, 남도 아니면 이것이 반야바라밀다이니라.

선용맹아, 온갖 법은 남이 아니요, 죽음도 아니니, 이와 같이 온갖 법이 남이 아니요, 죽음도 아니면 이것이 반야바라밀다이니라.

30

온갖 법은 헤매임이 아니요, 헤매임이 있는 법도 아니니, 이와 같이 온갖 법이 헤매임이 아니요, 헤매임이 있는 법도 아니면 이것이 반야바라밀다이니라. 선용맹아, 온갖 법이 다함이 아니요, 다함이 있는 법도 아니니, 이와 같이 온갖 법이 다함이 아니요, 다함이 있는 법도 아니면 이것이 반야바라밀다이니라.

선용맹아, 온갖 법이 일어남이 있는 법이 아니요, 다함이 있는 법도 아니니, 이와 같이 온갖 법이 일어남이 있는 법도 아니요, 다함이 있는 법도 아니면 이것이 반야바라밀다이니라.

31

선용맹아, 온갖 법이 변함이 있는 법이 아니요, 변함이 없는 법도 아니니, 이와 같이 온갖 법이 변함이 있는 법이 아니요, 변함이 없는 법도 아니면 이것이 반야바라밀다이니라.

선용맹아, 물질들이 항상 함·덧없음·즐거움·괴로움·나 있음·나 없음·조촐함·부정함이 아니요, 느낌·생각·지어감·의식도 항상 함·덧없음·즐거움·괴로움·나 있음·나 없음·조촐함·부정이 아니니, 이와 같이 5온이 항상 함·덧없음·즐거움·괴로움·나 있음·나 없음·조촐함·부정함이 아니면 이것이 반야바라밀다이니라.

선용맹아, 온갖 법이 항상 함·덧없음·즐거움·괴로움·나 있음·나 없음·조촐함·부정함이 아니니, 이와 같이 온갖 법이 항상 함·덧없음·즐거움·괴로움·나 있음·나 없음·조촐함·부정함이 아니면 이것이 반야바라밀다이니라.

32

선용맹아, 온갖 법이 탐냄·성냄·어리석음을 가진 법이 아니요, 탐냄·성냄·어리석음을 여읜 법도 아니니, 이와 같이 온갖 법이 탐냄·성냄·어리석음을 가진 법이 아니요, 탐냄·성냄·어리석음을 여읜 법도 아니면 이것이 반야바라밀다이니라.

33

색·수·상·행·식과 눈·귀·코·혀·몸·뜻과 빛·소리·향기·맛·닿임·법·경계와 온갖 법이 일한다는 것·일 시킨다는 것·일어난다는 것·고루 일어난다는 것·요달 한다는 것·요달케 한다는 것·받는다는 것·받게 한다는 것·안다는 것·본다는 것이 아니니, 이와 같이 온갖 법이 일한다는 것·일 시킨다는 것·일어난다는 것·고루 일어난다는 것·요달 한다는 것·요달케 한다는 것·받는 다는 것·받게 한다는 것·안다는 것·본다는 것이 아니면 이것이 반야바라밀다이니라.

34

온갖 경계와 느낌 · 생각 · 지어감 · 의식과 눈 · 귀 · 코 · 혀 · 몸 · 뜻과 빛 · 소리 · 향기 · 맛 · 닿임 · 법 · 경계와 온갖 법이 아주 없음 · 항상 함 · 끝없음 · 끝 있음이 아니니, 이와 같이 온갖 법이 아주 없음 · 항상 함 · 끝없음 · 끝 있음이 아니면 이것이 반야바라밀다이니라.

35

대상 경계와 느낌 · 생각 · 지어감 · 의식 · 경계 와 눈 · 귀 · 코 · 혀 · 몸 · 뜻 · 경계와 빛 · 소리 · 향기 · 맛 · 닿임 · 법 · 경계와 온갖 법이 삿된 소 견이 아니요, 삿된 소견이 끊인 것이 아니요, 애 욕이 아니요, 애욕이 끊인 것도 아니니, 이와 같 이 온갖 법이 삿된 소견이 아니요, 삿된 소견이 끊인 것이 아니요, 애욕이 아니요, 애욕이 끊인 것도 아니면 이것이 반야바라밀다이니라.

36

대상 경계와 느낌·생각·지어감·의식·경계와 눈·귀·코·혀·몸·뜻·경계와 빛·소리·향기·맛·닿임·법도 착함이 아니요, 악함이 아니니 이와 같이 온갖 법이 착함이 아니요 악함도 아니면 이것이 반야바라밀다이니라.

『대반야바라밀다경』 596권

37

또 선용맹아, 5온에 가고 오고 머무르고 머무르지 않음이 있다고 시설할 수 없고, 12처 18계에도 가고 오고 머무르고 머무르지 않음이 있다고 시설할 수 없으면, 이것이 반야바라밀다이니라.

38

5온 · 12처 · 18계에 줌 · 가짐 · 계를 지킴 · 계를 범함 · 참음 · 참지 않음 · 부지런함 · 게으름 · 한결가짐 · 산란 · 묘한 지혜 · 나쁜 지혜가 없으면 이것이 반야바라밀다이니라.

39

또 선용맹아, 5온 · 12처 · 18계에 공함 · 공하지 않음 · 형상 있음 · 형상 없음 · 소원 있음 · 소원 없음이 없나니 이와 같이 5온 · 12처 · 18계에 공함 · 공하지 않음 · 형상 있음 · 형상 없음 · 소원 있음 · 소원 없음이 없으면 이것이 반야바라밀다이니라.

40

5온 · 12처 · 18계에 유위 · 무위 · 유루 · 무루 · 세간 · 세간밖 · 얽매임 · 얽매임 떠남이 없나니, 이와 같이 5온 · 12처 · 18계에 유위 · 무위 · 유루 · 무루 · 세간 · 세간 밖 · 얽매임 · 얽매임을 떠남이 없으면, 이것이 반야바라밀다이니라.

41

또 선용맹아, 5온 · 12처 · 18계에 생각 있음 · 생각 없음 · 고요함 · 고요하지 않음이 아니며, 이와 같이 5온 · 12처 · 18계에 생각 있음 · 생각 없음 · 고요함 · 고요하지 않음이 아니면 이것이 반야바라밀다이니라.

42

또 선용맹아, 5온·12처·18계가 일어나는 법칙에 포함됨을 말한 것은 반야바라밀다가 아니요, 5온·12처·18계가 일어나는 법칙에 포함되는 바로써 모든 진여·허망치 않은 성품·있는 그대로의 성품임을 말한 것은 반야바라밀다이니라.

43

선용맹아, 모든 번뇌가 일어나는 법칙에 포함됨을 말한 것은 반야바라밀다가 아니요, 모든 번뇌가 일어나는 법칙에 포함되는 바로써 모든 진여·허망치 않은 성품·변하지 않는 성품·있는 그대로의 성품임을 말한 것은 반야바라밀다이니라.

44

또 선용맹아, 선정·해탈·한결 가짐·한결 이
르름을 말한 것은 반야바라밀다가 아니요, 선정
·해탈·한결 가짐·한결 이르름에 있는 진여·
허망치 않는 성품·변하지 않는 성품·있는 그
대로의 성품을 말한 것은 반야바라밀다이니라.

45

또 선용맹아, 밝음·해탈·여읨·사라짐·열반을
말한 것은 반야바라밀다가 아니요, 밝음·해탈·여읨
·사라짐·열반에 있는 진여·허망치 않은 성품·있
는 그대로의 성품을 말한 것은 반야바라밀다이니라.
무슨 까닭이겠느냐. 선용맹아, 이와 같은 반야바라밀
다는 물질들에 포섭되지 않고, 느낌·생각·지어감·
의식에도 포섭되지 않으며, 눈에 포섭되지 않고, 귀
·코·혀·몸·뜻에도 포섭되지 않으며, 눈에 포섭되
지 않고, 귀·코·혀·몸·뜻에도 포섭되지 않으며,
빛에 포섭되지 않고 소리·향기·맛·닿임·법에도
포섭되지 않으며, 눈·귀·코·혀·몸·뜻·경계에도
포섭되지 않으며, 빛·소리·향기·맛·닿임·법·경
계에도 포섭되지 않으며, 욕심·세계·형상 세계·무
형 세계에도 포섭되지 않으며, 유위·무위·세간·세
간 밖에도 포섭되지 않으며, 유루·무루·선한 법·
악법에도 포섭되지 않으며, 유정·무정에도 포섭되지
않으며, 또 이런 법들을 떠나서 따로 반야바라밀다가
있는 것도 아니니라. 또 선용맹아, 심히 깊은 반야바
라밀다는 이와 같은 모든 법에 포섭되거나 포섭되지

않은 것이 아니요, 이와 같이 포섭되거나 포섭되지 않은 것에 있는 진여·허망치 않은 성품·변하지 않는 성품·있는 그대로의 성품을 반야바라밀다라 하느니라.

46

선용맹아, 진여라 함은 무엇을 강조하는 말이 겠느냐. 선용맹아, 진여라 함은 모든 법의 성품 을 이르는 말이니, 어리석은 범부 중생들이 얻 은 바와 같지 않으며, 그것과 다르지도 않느니 라. 그러나 모든 법의 성품은 부처님들과 제자 인 보살들이 보는 바와 같나니, 이와 같은 법성 의 이치는 진실하고 항상 변함이 없으므로, 진 여라 하고 이 진여 그대로를 보살의 심히 깊은 반야바라밀다라 하느니라.

또 선용맹아, 이와 같은 반야바라밀다는 온갖 법에서 늘지 않고 줄지 않으며, 합하지 않고 여 의지 않으며, 이지러지지 않고 원만치 않으며, 이롭지 않고 해롭지 않으며, 옮기지 않고 바로 들어가지 않으며, 나지 않고 멸하지 않으며, 더 럽지 않고 깨끗하지 않으며, 헤매지 않고 사리 지지 않으며, 쌓여서 일어나지 않고 숨어 없어 지지 않으며, 형상이 있지 않고 형상이 없지 않 으며, 평등치 않고 평등하지 않지도 않으며, 세 속이 아니고 진리도 아니며, 즐겁지 않고 괴롭

지 않으며, 항상치 않고 덧없지 않으며, 나 있음
이 아니요 나 없음도 아니며, 진실도 아니요 허
망도 아니며, 일하는 이가 아니요 일하는 기구
도 아니며, 받아들임도 아니요 받아들이지 않음
도 아니며, 제 성품이 아니요 제 성품이 아님도
아니며, 죽음이 아니요 남도 아니며, 남이 아니
요 죽음도 아니며, 벗어남이 아니요 빠짐도 아
니며, 계속함이 아니요 끊임도 아니며, 섞이지
않고 섞이지 않는 것도 아니니라. 탐욕이 있지
않고 탐욕이 여의지도 않으며, 성냄이 있지 않
고 성냄이 여의지도 않으며, 뒤바뀌지 않고 뒤
바뀜을 여의지도 않으며, 반연할 바가 없고 반
연할 바가 없지도 않으며, 다함이 있지 않고 다
함이 없지도 않으며, 지혜가 있지 않고 지혜가
없지도 않으며, 낮은 성품이 아니고 높은 성품
도 아니며, 은혜가 있지 않고 은혜가 없지도 않
으며, 가지 않고 돌아오지 않으며, 성품이 있지
도 않고 성품이 없지도 않으며, 사랑하지 않고
성내지 않으며, 맑지 않고 어둡지도 않으며, 게
으르지 않고 부지런하지 않으며, 공하지 않고

공하지 않음도 아니며, 무형도 아니요 해탈도
아니며, 고요함이 아니요 고요하지 않음도 아니
며, 열반이 아니요 열반이 아님도 아니며, 이치
와 같음이 아니요 아치와 같지 않음도 아니며,
두루 알음이 아니요 두루 알지 못함도 아니며,
벗어남이 아니요 벗어나지 못함도 아니며, 조복
시킴이 아니요 조복 시키지 못함도 아니며, 계
를 가짐도 아니요 계를 범함도 아니며, 어지러
움이 아니요 어지럽지 않음도 아니며, 묘한 지
혜가 아니요 나쁜 지혜도 아니며, 아는 것도 아
니요 알지 못함도 아니며, 머무름이 아니요 머
무르지 않음도 아니며, 같은 부류가 아니요 다
른 부류도 아니며, 있음이 아니요 없음도 아니
며, 얻음이 아니요 얻지 못함도 아니며, 드러나
게 관찰함도 아니요 드러나게 관찰하지 않음도
아니며, 증득함이 아니요 증득하지 않음도 아니
며, 통달함이 아니요 통달하지 않음도 아니니
심히 깊은 반야바라밀다는 온갖 법에 대하여 이
와 같이 갖가지 작용을 하지 않으면서도 버젓이
앞에 나타나 있느니라.

47

또 선용맹아, 만일 어떤 사람이 꿈속에서 보는 갖가지 제 성품을 꿈속에 이야기 하면 이와 같이 말하는 꿈·경계의 제 성품은 도무지 없는 것이니, 무슨 까닭이겠느냐. 선용맹아, 꿈도 있는 것이 아니거늘 하물며 꿈 경계의 제 성품을 말할 수 있겠느냐. 이와 같아서 반야바라밀다는 비록 갖가지 제 성품이 있다고 말할 수 있으나, 이 반야바라밀다는 진실로 연설할 제 성품이 있지 않기 때문이니라.

48

또 선용맹아, 어떤 사람이 산골짜기에서 메아리 소리를 들으나 도무지 볼 수 없다가 자기가 말하면 다시 들을 수 있는 것 같이, 반야바라밀다도 비록 갖가지 글 구절을 들을 수 있으나 들은 법은 도무지 제 성품이 없지만 말할 때만은 듣고 알 수 있느니라.

또 선용맹아, 메아리가 모든 법을 나타내어 있지 않은 것 같이, 반야바라밀다도 모든 법을 나타내기 위해 있지 않느니라.

49

5온·12처·18계의 본 성품이 청정하므로 반
야바라밀다의 본 성품도 청정하며, 연기·뒤바
뀜·삿된 소견·애욕·탐욕·성냄·어리석음 따
위의 본 성품이 청정하므로 이 반야바라밀다의
본 성품도 청정하며, 나·유정·목숨·생하는
것·기르는 것·장부·어린이·일하는 것·받는
다는 것·일어난다는 것·받는다는 것·안다는
것·본다는 것의 본 성품이 청정하므로 반야바
라밀다의 본 성품이 청정하며, 아주 없음·항상
함·끝 있음·끝없음의 본 성품이 청정하므로
반야바라밀다의 본 성품이 청정하느니라.

50

심히 깊은 반야바라밀다는 볼 수 있거나 대할 수 있음을 보지 않으며, 어떤 법과도 함께 할 것이 있다고 보지 않으며, 5온·12처·18계가 변두리 끝이 없으므로 반야바라밀다도 끝 가변이 없으며, 사리자야 반야바라밀다는 처음·중간·뒤·지위가 모든 끝과 짬이 없으며, 방위와 지역도 없는 줄 알지니라. 반야바라밀다는 나의 성품과 취함의 성품을 모두 얻을 수 없으므로, 끝이 없고, 짬이 없다 하느니라. 사리자야 온갖 법이 끝과 짬이 없으므로 반야바라밀다도 끝과 짬이 없으며, 허공이 끝과 짬이 없으므로 모든 법도 끝과 짬이 없는 줄 알아야 하느니라.

『대반야바라밀다경』 597권

51

보살마하살들은 법도 얻은바 없거늘 하물며 법아님 이겠느냐. '도'도 얻은바 없거늘 하물며 '도'아님이겠느냐. 깨끗한 계율에서도 얻은 바 없고, 집착하는 바도 없거늘 하물며 계를 범하 겠느냐. 이 보살들은 삼계에 떨어지지 않고, 또 여러 길의 나고 죽음에도 떨어지지 않고, 몸이 나 목숨에 집착되지도 않거늘 하물며 바깥 경계 이겠느냐. 나고 죽음의 흐름에서 이미 저 언덕 에 이르렀고, 큰 바다를 이미 건넜고, 큰 어려움 의 장애를 이미 초월하였느니라.

또 사리자야, 이 보살마하살들이 이와 같은 법 에 의하여 온갖 경계의 형상을 행하고는 온갖 경계가 모두 경계의 성품이 없음을 잘 아나니, 이 까닭에 이 보살들은 온갖 경계에서 머무름과 집착 없음이 마치 사자가 어떤 경계에도 집착하 지 않는 것 같으며, 이 보살들이 모든 경계에 물들음과 잡됨 없이 온갖 경계를 초월함이 마치 큰 장사꾼을 장애할 수 없는 것 같으니라. 이 보살마하살들은 이러한 법에 의하여 모든 경계의 형상을 행하되 집착하는 바가 없느니라.

또 사리자야, 나는 끝내 선근이 엷은 유정들은 이 법에 대하여 깊은 믿음을 내지 못하리라 하노니, 선근이 엷은 유정은 이 법을 받아들일 수 없으며, 이런 법 재물을 그들이 수용할 바가 아니기 때문이니라.

또 사리자야, 선근이 얇은 유정들은 이런 법을 듣지도 못하거늘 하물며 받아 지니고 생각하고 닦아 익힐 수 있겠느냐. 만일 어떤 이가 이와 같은 법을 들으면 나는 결정코 그에게 불법을 성취하리라는 수기를 주겠나니, 그는 오는 세상에 결정코 불법의 사자후를 하되 지금 내가 대중 안에서 사자후를 하는 것 같이 두려움 없는 사자후를 하는 것 같이 하리라.

또 사리자야, 만일 어떤 이가 이와 같은 심히 깊은 법문을 듣고, 잠깐 동안 좋아하는 마음을 일으키어 비방할 생각을 내지 않으면 나는 그도

오는 세상에 위없는 정등보리 깨달음을 증득 하
리라는 수기를 주리라. 무슨 까닭이겠느냐. 사리
자야, 유정들이 심히 깊은 법을 듣고 기꺼이 받
아 지니는 일은 매우 어렵기 때문이니라.

또 사리자야, 만일 어떤 유정들이 심히 깊은
법을 듣고 깊이 좋아하는 생각을 내어 위없는
정등보리의 마음을 일으키면 그런 유정들은 더
욱 있기 어렵나니 나는, 그들이 광대한 선근을
성취하고 큰 양식을 마련하고 큰 갑옷을 입었으
므로 빨리 위없는 정등보리를 증득하리라 하노
라.

52

허공이 끝없는 경계에 퍼져 있는 것 같이 반
야바라밀다도 끝없는 법으로서 행해야할 경계로
삼느니라. 또 바람이 허공으로써 다닐 경계로
삼는 것 같이 반야바라밀다는 모든 법의 공함으
로서 행할 경계를 삼느니라.

53

이 반야바라밀다는 도무지 모양이 없느니라. 마치 허공이 걸리고 집착할 것이 없는 것 같이 반야바라밀다도 걸리고 집착될 것이 없나니. 그러므로 심히 깊은 반야바라밀다는 집착 없음으로 모양을 삼는다 하노라. 집착 없는 법은 모양이 없기 때문이다. 또 사리자야 집착 없음이라 함은 이른바 두루 알음에 집착하거나 얻을 수 없음에 집착하거나 여실한 성품에 집착하는 것이 모두가 뒤바뀐 집착임을 두루 아는 까닭에 집착 없음이라 할 지언정 모든 집착 가운데는 어떤 집착도 얻을 수 없느니라. 또 사리자야 집착 없음이란 곧 반야바라밀다이니 이것은 또 집착 없는 모습의 지혜라 하느니라. 또한 형상이 없으므로 집착 없음이라 하느니라. 만일 온갖 법이 조그마한 모습이라도 있다면, 의당 여기에는 집착이 있겠지만 온갖 법의 뭇 모습이 도무지 없느니라. 그러므로 여기에는 집착이 있을 수 없나니, 그러므로 모든 법은 집착 없음으로서 모습을 삼는다 하노라. 비록 이렇게 말하나 말과는 같지 않나니, 집착 없는 모습을 얻을 수 없기 때문이니라. 그 까닭이 무엇이겠느냐? 집착 없는 모습은 있지 않기 때문이며, 성품이 멀리 여의었기 때문이며 얻을 수 없기 때문이니라.

또 사리자야, 법의 집착 없는 모습은 보일 수 없고, 드러낼 수 없느니라. 그러나 유정들에게 이 집착 없는 모습을 방편으로서 보이려는 것이니, 집착하지 말아야 하느니라.

54

또 사리자야, 온갖 물들음의 모습이 곧 모습 없음이니, 온갖 뒤바뀜은 모두 모습 없음이요, 모습 없음은 모두가 말할 수 없는 것이니, 그러므로 모습 있는 법은 곧 모습 없음이니라. 온갖 물들음의 법도 모습이 없거늘, 하물며 청정한 법의 형상을 얻을 수 있겠느냐. 그러므로 물들음과 청정 두 법은 모두가 모습이 있지 않으며, 원만 진실이 아니니라. 이 집착 없는 모습이 곧 지혜의 행할 곳이며, 또 반야바라밀다의 행할 곳이니라.

또 사리자야, 행할 곳이라 함은 행할 곳이 아님을 나타내는 말이니, 심히 깊은 반야바라밀다는 행할 곳의 모습을 나타내는 것이 아니니라.

또 사리자야, 행할 경계라 함은 행할 경계가 아님을 나타내는 말이니, 온갖 법의 여실한 성품과 있는 그대로의 성품이 모두 얻을 수 없기 때문이니라.

온갖 법은 행할 경계가 아니니, 온갖 법은 경계의 성품이 없기 때문이니라. 만일 이와 같이 모든 법을 두루 알면 이것이 온갖 경계를 행하는 것이니라. 비록 이렇게 말하나 말과는 같지 않나니, 만일 이와 같이 모든 법이 도무지 집착하는 바 없음을 두루 알면 집착 없는 모습이라 하나니. 이 까닭에 반야바라밀다는 집착 없음으로서 모습을 삼는다 하노라.

또 사리자야, 이렇게 말한바 심히 깊은 반야바라밀다에 상응하는 교법은 심히 얻기 어렵나니, 낮고 열등한 믿음을 가진 유정의 손에는 끝내 떨어지지 않느니라. 이미 과거의 한량없는 부처님께 보리의 종자를 심고 큰 서원을 세우고 보살의 행을 행하고 부처님께 가까이 하여, 심히 깊은 법을 이치와 같게 청하여 물었기 때문에 이 반야바라밀다에 상응하고, 교법이 그의 손에 드느니라. 이런 유정들은 이미 무생 법인을 증득했거나, 혹은 멀지 않아서 무생 법인을 증득할 것이므로, 이 반야바라밀다에 상응하는 교법이 그의 손에 떨어지느니라. 이런 유정들은 빨리 위없는 정등보리를 증득하나니, 자비와 원력으로 빨리 증득하기를 요구하지 않는 이는 제외

하느니라. 이런 유정들은 여러 부처님께 이미 수기를 받았거나, 혹은 오래지 않아서 수기를 받게 되느니라. 이런 유정들은 부처님이 눈앞에서 수기하심을 만나지 못하더라도 부처님이 눈앞에서 수기를 주신 것과 같으니라. 만일 어떤 유정이 선근이 이미 익어지면 지난 세상의 원력 때문에 이 경을 만나서 듣고 지니고 쓰고 공경하고 공양하고, 남에게 널리 연설하기도 하느니라.

55

이와 같은 심히 깊은 법문을 들은 까닭에 설사 그들이 성문이라 하더라도 보살로 바뀌어서 심히 깊은 법에 곱이나 좋아하는 마음을 내고, 모든 경계에서 방일치 않고, 온갖 착한 법을 즐거이 수행하고, 용맹스럽게 정진하여 온갖 게으름을 여의고, 일심으로 잡념을 포섭해서 모든 감관을 수호하고, 추악한 말을 하지 않으며, 포악한 행동을 하지 않고, 항상 공경한 행을 닦으며, 많이 듣기를 즐거이 익히고, 정진을 성하게 하여 탐내고 물들음이 없으며, 심히 깊은 법과 뜻을 잘 간택하나니, 만일 누구든지 이와 같은 공덕을 원만케 하고자 하면 심히 깊은 법문을 부지런히 닦아 배울 지니라.

또 사리자야, 어떤 보살이나 성문이 이 법문을 들으면 수승한 과위를 얻나니, 이른바 이와 같이 심히 깊은 법문을 듣고는 결정코 온갖 방일한 행을 다시는 하지 않으며, 온갖 나쁜 법을 믿으려는 마음을 내지 않으며, 잘 정진할 생각을 내어 물러날 생각이 전혀 없으며, 수행하던 일을 늦추지 않으며, 외도의 삿된 법을 생각하거나 구하지 않으며, 탐욕·성냄·어리석음을 그다지 많이 일으키지 않는 것인데, 이러한 과위들은 한량없고 끝없는 것이나 모두가 이 깊은 법을 들음으로서 얻는 것이니라.

또 사리자야, 심히 깊은 법은 귀로 듣기만 하는 것이 과위가 아니요, 반드시 방일치 않고 부지런히 수행하여 여실히 진리를 알고, 뭇 죄악을 멀리 여의며, 나와 남을 모두 이롭게 하여야 비로소 과위라 하느니라.

56

또 사리자야, 유정들은 조그마한 선근을 믿지 말아야 하나니, 이른바 그들이 온갖 나쁜 길을 벗어나리라 하는 것이며, 부지런히 정진하는 것도 믿지 말아야 하나니, 법에 대하여 바른 견해를 갖추기 전에는 온갖 나쁜 길에 떨어지기 때문이다.

57

온갖 법이 뒤바뀜에서 일어난 바이며, 허망한 마음에서 나타났음을 통달하여 집착을 내지 않기 때문이다. 그들은 바른 법의 심히 깊은 이치에서 이미 바른 견해를 얻어 순종하는 지혜를 얻었으며, 총명하고 부드러워 청정한 계율에 머물렀느니라. 위의에 맞는 행과 궤칙에 맞는 행이 순종하는 지혜를 얻음으로서 구족하지 못함이 없게 되면, 하늘·용·야차·아수라 따위 온갖 무리들도 그를 사랑하는 마음으로 귀의하여 공양하고 수호하고 둘러싸서 나쁜 인연이 몸과 목숨이나 수행하는 바를 파괴치 못하게 하거늘 하물며 사람들이겠느냐. 그러므로 부지런히 바른 법의 순종하는 지혜를 닦아야 하느니라. 만일 어떤 이가 실상·진여·법계에 순종하는 지혜를 얻으면 하늘·용·야차·아수라들이 항상 따르면서 공경 공양하기를 잠시도 끊이지 않느니라.

58

사리자가 선현에게, 어찌하여 존자께서는 아무 말 없이 잠자코 계시며, 심히 깊은 반야바라밀다를 말씀하시지 않습니까.

예, 사리자여, 나는 모든 법에서 도무지 본 바가 없습니다. 그러므로 나는 아무 말 없이 잠자코 있습니다. 사리자여, 나는 심히 깊은 반야바라밀다를 도무지 보지 않으며, 말하는 이를 보지 않으며, 말한 바도 보지 않으며, 또 이에 의하여, 이를 위하여, 이를 인하여, 이에 속하여, 이에 의지하여 말할 것을 보지 않습니다.

나는 여기에서 아무것도 본 바가 없거늘 어떻게 나로 하여금 보살들에게 반야바라밀다를 연설하라 하십니까. 설사 내가 연설한다 하여도 누구를 말하는 이라 하고, 무엇을 말할 바라 하겠습니까. 또 무슨 까닭에 무엇 때문에 무슨 인연으로, 무엇에 속해서, 무엇에 의지해서 말해야 할지도 모르거늘, 내 어찌 이와 같은 심히 깊은 반야바라밀다를 연설하겠습니까. 또 사리자여, 심히 깊은 반야바라밀다는 말할 수 없고, 보일 수 없고, 희론할 수 없습니다.

　또 사리자여, 나는 심히 깊은 반야바라밀다에
어떤 형상이 있음으로서 그 형상에 의하여 반야
바라밀다를 연설할 수 있으리라는 것을 보지 못
했습니다.

59

사리자여 5온·12처·18계 따위의 삼세의 모습은 깊은 반야바라밀다가 아니요, 5온·12처·18계 따위 삼세의 모습에 있는 진여·허망치 않는 성품·멸치 않는 성품·있는 그대로의 성품이 반야바라밀다 입니다.

또 사리자여, 5온·12처·18계 따위의 삼세의 모습에 있는 진여·허망치 않는 성품·변하지 않는 성품·있는 그대로의 성품은 시설할 수 없고, 나타내 보일 수 없고, 희론할 수 없는 것이어서 말 따위의 업으로 표시할 수 없느니라.

사리자여, 심히 깊은 반야바라밀다는 뭇 모습을 여의였음으로 이것이 반야바라밀다이다 라고 설명해 보일 수 없습니다.

60

선용맹아, 보살마하살들이 반야바라밀다를 수행하나 온갖 법에서 도무지 행하는 바가 없나니, 비유컨대 어떤 법에서 행하는 바가 있으면 모두가 뒤바뀜을 행하는 것이며, 진실치 않음을 행하는 것이니 반야바라밀다를 행하는 것이 아니니라. 뒤바뀜이라 함은 허망한 것으로서 이러한 모든 법은 여실히 있지 않고, 이러한 집착은 실상 법계와 같지 않나니, 그러므로 뒤바뀜은 진실치 않으므로 보살들은 뒤바뀜을 행하지 말고, 진실치 않음을 행하지 말아야 한다 하느니라. 만일 진실로 뒤바뀜이 없다면 행하는 바도 없나니, 그러므로 보살은 행하여도 행하는 것이 없다 말하여, 온갖 행이 끊이면 보살의 행이라 하느니라.

또 선용맹아, 이러한 보살들은 불법까지도 행하지 않고 이것이 불법이다, 이 불법에 말미암는다, 이 불법에 있다, 이 불법에 속한다 함에 집착되지 않느니라. 또 보살들은 온갖 분별과 딴 분별의 행을 행하지 않나니, 이른바 온갖 분

별과 딴 분별이 끊이면 이를 보살의 행이라 하
느니라. 분별이라 함은 모든 법의 제 성품을 분
별하는 것이요, 딴 분별이라 함은 모든 법의 차
별을 분별하는 것이나 온갖 법은 분별하거나 딴
분별을 할 수 있는 것이 아니니, 만일 법을 분
별한다면 이는 곧 모든 법에서 딴 분별을 하는
것이 어니와 분별 법은 분별과 딴 분별을 멀리
여의었기 때문이니라.

61

온갖 법에서 닦음도 버림도 없이 온갖 닦고 버림을 초월하여 온갖 법의 평등하고 진실한 성품을 증득하고, 모든 법의 평등하고 진실한 성품을 증득하면 도라는 생각도 없어지거늘, 도를 보는 일이 있겠느냐? 버림이라 함은 닦는 성품을 버리는 것이나 여기에는 닦음도 없으므로 버림이라 하나니, 닦음이 없으므로 버림도 있지 않느니라. 비록 이렇게 말하나 말과는 같지 않나니, 무슨 까닭이겠느냐. 선용맹아, 버림이란 말할 수 없는 것으로써 버림의 성품을 여의었기 때문이니, 다시 무엇을 여의겠느냐?

62

  보살들은 행하는 법에 모두가 분별이 없고, 고루 일어남이 없나니, 그러므로 뒤바뀜을 멀리 여의었다 하느니라. 뒤바뀜이 없으므로 행하는 바가 없고, 행하는 바가 없으므로 일어나는 바가 없나니, 그러므로 보살은 행할 바 없는 행을 행한다 하느니라.

  행할 바 없음이란 이른바 모든 법을 도무지 행하는 바가 없고, 관찰하지도 않고, 행의 모습을 보일 수도 없는 것이니, 그러므로 보살은 행할 바 없는 행을 행한다 하느니라. 만일 이와 같이 행할 바 없는 행을 행하면 이것이 반야바라밀다를 행하는 것이니라.

63

또 선용맹아, 만일 보살이 물질을 반연치 않고 행하면 이것이 반야바라밀다를 행하는 것이요, 느낌·생각·지어감·의식을 반연치 않고 행함이 반야바라밀다를 행하는 것이니, 무슨 까닭이겠느냐. 선용맹아, 이 보살들은 모든 반연할 바의 성품이 멀리 여의었음을 잘 알기 때문이니라. 만일 반연할 바의 성품을 멀리 여의면 이는 곧 행할 바 없는 것이니, 그러므로 보살은 행할 바 없는 행을 행한다 하느니라.

64

선용맹아, 보살이 빛을 반연치 않고 행하면 이 것이 반야바라밀다를 행하는 것이요. 소리·향 기·맛·닿임·법을 반연치 않고 행하면 이것이 반야바라밀다를 행하는 것이니, 무슨 까닭이겠 느냐. 선용맹아, 이 보살들은 모든 반연할 바가 뒤바뀜에서 일어났고 뒤바뀜에서 일어났으면 진 실치 않음을 잘 알기 때문이니라. 만일 반연할 바가 뒤바뀜에서 일어난 것으로써 성품이 진실 치 않음을 안다면 이는 곧 행할 바 없는 것이 니, 그러므로 보살은 행할 바 없는 행을 행한다 하느니라.

65

선용맹아, 만일 보살마하살이 나라는 생각이나 유정이라는 생각과 내지 안다는 생각·본다는 생각을 행하지 않으면 이것이 반야바라밀다를 행하는 것이니라. 무슨 까닭이겠느냐. 선용맹아, 이 보살들은 온갖 생각을 제하여 버리었기 때문이니라. 만일 온갖 생각을 제하여 버리면 이는 곧 모든 생각을 도무지 행함이 없는 것이니, 그러므로 보살은 행할 바 없는 행을 행한다 하느니라.

66

보살마하살들이 욕심 세계와 형상 세계·무형 세계를 반연치 않고 행하면 이것이 반야바라밀다를 행하는 것이니, 무슨 까닭이겠느냐. 선용맹아, 이 보살들은 삼계의 반연할 바를 두루 제해 버리었기 때문이니라. 만일 보살들이 삼계의 반연할 바를 두루 제하여 버리면 이는 곧 행할 바 없음이니, 그러므로 보살은 행할 바 없는 행을 행한다 하느니라.

67

선용맹아, 성문·독각·보살·부처의 법을 반연치 않고 행하면 이것이 반야바라밀다를 행하는 것이니 무슨 까닭이겠느냐?

선용맹아, 이 보살마하살이 성문·독각·보살·부처의 법의 반연할 바를 두루 제하여 버리었기 때문이니라. 만일 보살들이 능히 성문·독각·보살·부처의 법의 반연할 바를 두루 제하여 버리면 이는 곧 행할 바 없음이니, 그러므로 보살은 행할 바 없는 행을 행한다 하느니라.

선용맹아, 보살들이 능히 이와 같이 행하면 그것이 반야바라밀다를 행하는 것이요, 보살들이 능히 반야바라밀다를 행하면 온갖 반연할 바를 두루 알고서 행하고, 온갖 반연할 바를 제하여 버리고 행하는 것이니라.

『대반야바라밀다경』 598권

68

또다시 선용맹아, 보살들이 능히 이와 같이 행하면 물질의 청정함을 반연치 않고 행하는 것이요, 느낌·생각·지어감·의식의 청정함을 반연치 않고 행하는 것이니, 무슨 까닭이겠느냐. 선용맹아, 이 보살들은 이미 물질과 내지 의식의 반연할 바가 본 성품이 청정함을 두루 알기 때문이니라. 만일 보살이 능히 이와 같이 행하면 반야바라밀다를 행하는 것이니라.

69

선용맹아, 만일 보살들이 능히 이와 같이 행하면 선정·해탈·한결가짐·한결 이르름의 청정함도 반연치 않고 행하는 것이니, 무슨 까닭이겠느냐. 선용맹아, 이 보살들은 이미 선정·해탈·한결가짐·한결 이르름의 반연한바, 본 성품이 청정함을 두루 알기 때문이니라. 만일 보살들이 능히 이와 같이 행하면 그것이 반야바라밀다를 행하는 것이니라.

70

선용맹아, 만일 보살들이 능히 이와 같이 행하면 온갖 청정을 반연치 않고 행하는 것이니, 무슨 까닭이겠느냐. 선용맹아, 이 보살들은 온갖 반연할 바의 본 성품이 청정함을 두루 통달했기 때문이니라. 만일 보살들이 온갖 반연할 바의 본 성품이 청정함을 통달하면 그것이 반야바라밀다를 행하는 것이니라.

71

또다시 선용맹아, 만일 보살들이 능히 이와 같이 행하면 물질이 나와 내 것이라고 행하지 않고, 느낌·생각·지어감·의식도 나와 내 것이라고 행하지 않으며, 눈·귀·코·혀·몸·뜻도 나와 내 것이라고 행하지 않으며, 빛·소리·향기·맛·닿임·법도 나와 내 것이라고 행하지 않으며, 눈·귀·코·혀·몸·뜻·알음도 나와 내 것이라고 행하지 않나니, 만일 보살들이 능히 이와 같이 행하면 이것이 반야바라밀다를 행하는 것이니라.

72

또다시 선용맹아, 만일 보살들이 능히 반야바
라밀다를 행하면 물질과 느낌·생각·지어감·
의식에서 쌓임을 행하지 않고, 사라짐을 행하지
않고, 깊고 얕음을 행하지 않고, 형상 있음과 형
상 없음을 행하지 않고, 소원 있음과 소원 없음
을 행하지 않고, 공함과 공하지 않음을 행하지
않고, 조작 있음과 조작 없음을 행하지 않으며,
눈·귀·코·혀·몸·뜻과 빛·소리·향기·맛
·닿임·법·경계에서도 이와 같이 조작 있음과
조작 없음을 행하지 않느니라. 무슨 까닭이겠느
냐. 선용맹아, 이와 같은 모든 법은 모두가 자세
하는 집착·요동함·희론 여러 길을 사랑함이
있기 때문이니, 나는 이 행에 의하여 이렇게 자
세하고 집착한다 하는 것이니라. 여기에서 보살
이 온갖 자세하는 집착·요동·희론 여러 길을
사람함의 본질을 잘 알고, 온갖 어리석음 자세
함과 집착이 없으므로 도무지 행하는 바가 없
고, 집착하여 갈무리함이 없으므로 얽매임이 없

고, 얽매임을 여읨도 없으며, 일으킴도 없고, 고
루 일으킴도 없느니라. 이런 보살은 온갖 자세함
과 집착을 없애고 반야바라밀다를 수행하느니라.

73

또다시 선용맹아, 만일 보살들이 온갖 자세함과 집착을 없애고 반야바라밀다를 수행하면 빛·소리·향기·맛·닿임·법에서 항상함과 덧없음을 행하지 않고, 괴로움과 즐거움을 행하지 않고, 나 있음과 나 없음을 행하지 않고, 조촐함과 부정함을 행하지 않고, 공함과 공하지 않음을 행하지 않고, 요술·꿈·그림자·메아리 같음을 행하지 않으며, 눈·귀·코·혀·몸·뜻·경계에서도 이와 같은 경계들을 행하지 않으니 무슨 까닭이겠느냐.

선용맹아, 이러한 모든 법은 대충·생각·세밀한 생각·행함·관찰함이 있기 때문이니라. 보살들은 대충 생각·세밀한 생각·행함·관찰함을 잘 알고서 온갖 행을 없애나니, 모든 행을 두루 알아서 반야바라밀다를 수행하면 이것이 모든 보살행을 연설하는 것이니라.

74

선용맹아, 물질·느낌·생각지어감·의식이 부사의한 까닭에 보살이 심히 깊은 반야바라밀다를 수행하는 것도 부사의하고, 눈·귀·코·혀·몸·뜻이 부사의한 까닭에 보살이 심히 깊은 반야바라밀다를 수행하는 것도 부사의하고, 빛·소리·향기·맛·닿임·법이 부사의한 까닭에 보살의 심히 깊은 반야바라밀다를 수행하는 것도 부사의하고, 물들음이 부사의한 까닭에 보살이 심히 깊은 반야바라밀다를 수행하는 것도 부사의하고, 업보가 부사의한 까닭에 보살이 반야바라밀다를 수행하는 것도 부사의하고, 뒤바뀐 삿된 소견과 온갖 가리움이 부사의한 까닭에 보살이 심히 깊은 반야바라밀다를 수행하는 것도 부사의 하고, 욕심 세계와 형상세계와 무형세계가 부사의한 까닭에 보살이 심히 깊은 반야바라밀다를 수행하는 것도 부사의 하니라.

유정세계와 법계가 부사의한 까닭에 보살이 심히 깊은 반야바라밀다를 수행하는 것도 부사의하고, 탐냄·성냄·어리석음이 부사의한 까닭에 보살이 심히 깊은 반야바라밀다를 수행하는 것도 부사의 하니라. 또 성문·독각·보살·부처의 지위가 부사의한 까닭에 보살이 심히 깊은 반야바라밀다를 수행하는 것도 부사의 하고, 집착 없는 지혜와 열반이 부사의한 까닭에 보살이 심히 깊은 반야바라밀다를 수행하는 것도 부사의 하니라.

무슨 까닭이겠느냐. 선용맹아, 보살이 심히 깊은 반야바라밀다를 수행하는 것이 마음에서 생긴 바가 아니기 때문에 부사의하고, 마음을 내지도 않기 때문에 부사의 하느니라.

또 다시 선용맹아, 만일 마음이 난다 하면 그것은 뒤바뀜이요, 마음이 나지 않는다 하여도 뒤바뀜이니, 만일 마음과 마음부치가 모두 있는 것이 아님을 통달하면 뒤바뀜이 아니니라.

선용맹아, 마음의 본성품에 남과 일어남과 다함과 사라짐이 있는 것이 아니니라.

75

선용맹아, 보살들이 반야바라밀다를 수행하여 뒤바뀐 마음과 마음부치의 법을 멀리 여의고 마음의 본성품이 청정하고 명백함을 증득하여 거기에서 어떤 마음이나 마음부치의 법도 도무지 일어남이 없게 되었기 때문이니라.

선용맹아, 어리석은 범부 중생들은 반연하는 경계에 의하여 마음과 마음부치의 법을 일으키고는 반연할 바가 있다고 집착하기도 하고, 온갖 마음과 마음부치의 법도 있다고 집착하거니와, 보살들은 그들이 반연하는 바와 그들이 일으킨 마음과 마음부치의 법이 도무지 있지 않음을 잘 아니라. 그러므로 마음이나 마음부치를 내지 않느니라. 보살들은 이와 같이 온갖 마음과 마음부치의 법의 본성품이 청정하고 본성품이 명백하거늘 어리석은 범부들은 뒤바뀌어서 허망하게 더러움을 일으킨다고 관찰하며, 또 생각하기를 반연할 경계에 의하여 마음과 마음부치가 생기거니와 반연할 바가 있지 않음을 잘 아는 까닭에 마음과 마음부치의 법이 모두 날 수 없다. 날 수 없다면 머무름도 멸함도 없다. 마음과 마음부치의 법은 본성품이 밝고 맑아서 온갖 물들음과 청백함과 즐거움을 멀리 여의었다. 심성은 나지도 않고 머무르거나 멸함도 없으며, 어떤 법으로 하여금 나거나 머무르거나 멸하게 하지도 않거늘 어리석은 범부들은 허망하게도 이일을 집착한다 하느니라.

보살들은 이와 같이 마음과 마음부치의 본성품이 나지 않고 머무르거나 멸하지도 않음을 알고서 반야바라밀다를 행해야 하나니, 만일 보살들이 이와 같이 행하면 이것이 반야바라밀다를 행하는 것이니라.

이와 같이 행할 때에 내가 반야바라밀다를 행한다거나, 내가 이제 이를 말미암아서 반야바라밀다를 행한다거나, 내가 이제 이를 따라서 반야바라밀다를 행한다하지 말아야 하나니, 만일 보살들이 생각하기를 이것이 반야바라밀다이다, 이것이 반야바라밀다를 말미암는다, 이것이 반야바라밀다에 의한다, 이것이 반야바라밀다에 속한다 하면 그는 이런 생각 때문에 반야바라밀다를 행하지 않는 것이 되느니라.

만일 보살들이 반야바라밀다에서 본 것이 없고 얻은 것이 없이 반야바라밀다를 행하면 이것이 반야바라밀다를 행하는 것이니라. 다함의 지혜와 남이 없는 지혜와 조작없는 지혜가 제 성품이 없어서 닦거나 버릴 수 없으며, 중생·성문·독각·보살·부처의 경지가 제 성품이 없어서 닦거나 버릴 수 없으며, 지관·열반이 제 성품이 없어서 닦거나 버릴 수 없기 때문이니라. 그는 또 무슨 까닭이겠는가.

선용맹아, 조그만치의 법성도 원만 진실함이 없이 모두가 세속에 따라 거짓 세워진 것으로써 여기에는 조그만한 제 성품도 있지 않기 때문이니라. 제 성품이 없으므로 모두가 실제로 있지 않고, 모든 법이 모두가 성품이 없음으로써 성품을 삼느니라. 그러므로 모든 법이 진실함도 없고 남도 없느니라. 무슨 까닭이겠느냐. 선용맹아, 온갖 뒤바뀐 법은 모두가 실제로 있지 않기 때문이니라. 모든 법은 모두가 뒤바뀜에서 생겼고, 온갖 뒤바뀜은 모두가 진실한 성품이 없나니, 그는 또 무슨 까닭이겠느냐. 선용맹아 온갖 법은 모두가 제 성품을 여의어서 제 성품을 찾더라도 얻을 수 없기 때문이니라. 그러므로 모두가 성품 없음으로써 성품을 찾는다 하느니라.

선용맹아, 성품이 없으므로 진실함이 없고 남이 없음을 성품 없음이라 하나니, 이는 곧 성품이 실제로 있지 않음을 나타내는 까닭에 성품 없음이라 하느니라. 만일 성품이 있지 않으면 닦거나 버릴 수 없나니, 뒤바뀜에서 일어난 바로써 실제로 있지 않기 때문이니라. 닦을 수 없는 것이라면 버릴 수도 없나니 무슨 까닭이겠느냐. 선용맹아 온갖 법이 성품 없음으로써 성품을 삼았기 때문이니, 제 성품을 멀리 여의었으면 진실한 성품이 아니요, 진실한 물건이 아니기 때문에 닦거나 버릴 것이 없느니라. 선용맹아 만일 보살 마하살들이 모든 법에서 여실한 소견에 머물러서 반야바라밀다를 수행하되 온갖 법을 닦거나 버림이 없으면 반야바라밀다를 수행한다 하느니라. 선용맹아, 만일 보살마하살들이 능히 이와 같이 행하고 이와 같이 머물러서 반야바라밀다를 수행하면 속히 원만케 되느니라.

76

또 다시 선용맹아, 만일 보살마하살들이 반야
바라밀다를 수행하면 물질에 상응하는 마음을
일으키지 않고 느낌·생각·지어감·의식에 상
응하는 마음도 일으키지 않으며, 눈·귀·코·
혀·몸·뜻에 상응하는 마음도 일으키지 않으
며, 빛·소리·향기·맛·닿임·법에 상응하는
마음도 일으키지 않으며, 곁가지를 기르는 일과
함께 하는 마음을 일으키지 않으며, 탐욕·성냄
·번뇌와 함께 하는 마음을 일으키지 않으며,
유형·무형과 함께하는 마음을 일으키지 않고,
큰 재물이나 훌륭한 종족이나 성문·독각의 경
지·보살행에 집착하는 마음을 일으키지 않으
며, 내지 열반에 집착하는 소견과 함께하는 마
음도 일으키지 않느니라.

77

보살들은 반야바라밀다를 수행하여 속히 원만
케 한 까닭에 물질·느낌·생각·지어감·의식
도 취하거나 집착하지 않으며, 눈·귀·코·혀
·몸·뜻·빛소리·향기·맛·닿임·법을 취하
거나 집착하지 않고, 연기·뒤바뀜·삿된 소견
·모든 가리움·애욕의 행을 취하거나 집착하지
않으며, 탐냄·성냄·어리석음을 취하거나 집착
하지 않으며, 욕심세계·형상세계·무형세계를
취하거나 집착하지 않으며, 땅·물·불·바람·
허공·뜻·요소를 취하거나 집착하지 않으며, 유
정세계와 법계를 취하거나 집착하지 않느니라.

나·유정·목숨·보시와 인색함·계율과 범함
·참음과 성냄·정진과 나태·선정과 산만·반
야와 어리석음을 취하거나 집착하지 않으며, 중
생·성문·독각·보살·부처의 지위를 취하거나
집착하지 않으며, 부처님의 지혜·힘·두려움·
없음·끝없는 불법도 취하거나 집착하지 않느니
라. 무슨 까닭이겠느냐. 선용맹아, 온갖 법은 취
해질 수 없고 집착될 수 없으며, 취하는 이도

없고, 집착하는 이도 없기 때문이니라. 왜 그렇겠느냐, 집착하는 이와 집착하는 바를 모두 얻을 수 없기 때문이니라. 그 까닭이 무엇이겠느냐, 온갖 법은 모두가 그림자 같아서 잡을 수 없기 때문이며, 온갖 법은 모두가 헛되고 거짓이어서 제 성품이 없기 때문이며 온갖 법은 모두가 거품과 같아서 잡을 수 없고 일어났다가는 곧 사라지기 때문이며, 온갖 법은 아지랑이 같아서 뒤바뀜에서 일어났기 때문이며 온갖 법은 모두가 물 속의 달과 같아서 건질 수 없기 때문이며, 온갖 법은 모두가 작용이 없어서 일어날 수 없기 때문이며, 온갖 법은 모두가 빈주먹과 같아서 진실한 성품이나 형상이 없기 때문이니라. 선용맹아, 보살들이 이와 같이 온갖 법을 관찰한 뒤에 온갖 법에 취하거나 집착하거나 머무르거나 집착되지 않느니라. 선용맹아, 보살마하살들은 온갖 법을 깊이 보증하거나 믿지도 않고, 집착을 일으키지 않고, 고집하지 않고, 탐냄이 없이 반야바라밀다를 행하느니라. 선용맹아, 보살들이 이와 같이 행하고 이와 같이 머물러서 반야바라밀다를 행하면 속히 원만케 되느니라.

78

선용맹아, 보살들이 이와 같이 배울 때엔 물질·느낌·생각·지어감·의식에서 배우지 않고 이를 초월해서 배우지도 않으며, 색경과 느낌·생각·지어감·의식을 조복하기 위해서 배우지 않고, 또 이를 조복하지 않기 위해서 배우지도 않느니라. 눈·귀·코·혀·몸·뜻의 사라짐에서 배우지 않으며, 또 육근을 초월해서 배우지도 않으며, 눈·귀·코·혀·몸·뜻을 닦아 들어가서 편안히 머무르기 위해서 배우지도 않느니라. 선용맹아, 이와 같이 배울 때엔 빛·소리·향기·맛·닿임·법에서 배우지 않고, 또한 이 육경을 초월해서 배우지도 않으며, 또한 이를 닦아 들어가서 편안히 머무르기 위해서 배우지도 않느니라.

『대반야바라밀다경』 599권

79

또 다시 선용맹아, 만일 보살들이 이와 같이 배울 때엔 물질·느낌·생각·지어감·의식에서 항상함·덧없음·즐거움·괴로움·공함·공하지 않음·나 있음·나 없음을 배우지 않느니라. 선용맹아, 보살들이 이와 같이 배울 때엔 눈·귀·코·혀·몸·뜻에서 항상함·덧없음·즐거움·괴로움·공함·공하지 않음·나있음·나없음을 배우지 않으며, 또한 빛·소리·향기·맛·닿임·법에서도 항상함·덧없음·즐거움·괴로움·공함·공하지 않음·나있음·나없음을 배우지 않느니라.

만일 보살들이 이와 같이 행하면 비록 공함·고요함·나 없음 따위 생상으로써 과거를 관찰하나, 공함·고요함·나 없음으로써 과거를 행하지 않으며, 비록 공함·고요함·나없음 따위 행상으로써 미래를 관찰하나, 공함 고요함 나 없음으로써 미래를 행하지 않으며, 비록 공함·고요함·나 없음으로써 현재를 관찰하나 공함·고요함·나없음으로써 현재를 행하지 않느니라.

80

또 다시 선용맹아, 만일 보살들이 능이 이와
같이 행하면, 물질·느낌·생각·지어감·의식
을 반연치 않고 눈·귀·코·혀·몸·뜻도 반연
치 않으며, 빛·소리·향기·맛·닿임·법도 반
연치 않고, 뒤바뀜·삿된 소견·가리움·애욕을
반연치 않으며, 탐욕·성냄·어리석음을 반연치
않고, 나·유정·형상세계·무형 세계를 반연치
않으며, 연기·허공·유정세계·법계를 반연치
않고, 보시와 인색·계율과 파계·참음과 성냄
·정진과 게으름·선정과 산만·반야와 어리석
음과 깨달음 길을 반연치 않느니라. 뒤바뀜 끊
는 것을 반연치 않으며, 선정해탈·고집멸도를
반연치 않고 무작·무착의 지혜를 반연치 않으
며, 중생·성문·독각·보살·부처의 지위를 반
연치 않으며, 해탈·열반·불국토의 청정함을
반연치 않고, 성문·독각·보살의 원만함을 반
연치 않느니라. 무슨 까닭 이겠느냐. 선용맹아,
온갖 법은 반연할 바가 아니기 때문이며, 온갖
법이 반연하는 이도 아니기 때문에 온갖 법에서

취할 바가 있음으로써 거기에 반연할 바가 있다고 하는 것은 아니니라.

선용맹아, 만일 반연할 바가 있으면 동작과 계교와 집착이 있는 것이니, 집착이 있으면 근심 고통과 맹렬한 걱정과 슬픔·번뇌·한탄이 생기느니라. 선용맹아 만일 반연할 바가 있으면 얽매임이 있어서 벗어날 길이 없나니. 이 까닭에 온갖 근심이 자라느니라. 보살은 이와 같이 갖가지 허물이 있는 것을 보았으므로 모든 법을 반연치 않으며, 반연하는 바가 없으므로 온갖 법을 반연치 않으며, 반연하는 바가 없으므로 온갖 법을 취하지 않으며, 취하는 바가 없으므로 온갖 법에서 집착함이 없이 머무느니라. 이러한 보살은 비록 반연하는 바가 없으나 경계에 대하여 결정적인 자유를 얻었고, 비록 경계에 대하여 결정적인 자유를 얻었으나 자세함이 없으며, 또 머무는 바도 없느니라.

선용맹아, 이 보살들은 온갖 반연할 바 경계의 법에서 모두 얽매임을 벗어나서 반야바라밀다를 수행하느니라.

81

또 다시 선용맹아, 만일 보살마하살이 능히 이
와 같이 행하면 물질·느낌·생각·지어감·의
식에 대하여 분별에 머물지 않고 딴 분별도 없
으며, 눈·귀·코·혀·몸·뜻에 대하여서도 분
별에 머물지 않고 딴분별도 없으며, 빛·소리·
향기·맛·닿임·법에 대하여서도 분별에 머물
지 않고 딴분별이 없느니라. 이 까닭에 이 보살
들은 모든 명색에 대하여 분별을 일으키지 않고
딴분별이 없으며, 그리고 더럽고 깨끗함과 연기
의 법칙과 모든 뒤바뀜·삿된 소견·가리움·애
욕에 대하여서도 분별을 일으키지 않고 딴분별
이 없으며, 욕심세계·형상세계·무형세계·유
정세계와 법계에 대하여서도 분별을 일으키지
않고 딴분별이 없으며, 탐냄·성냄·어리석음·
진실과 허망에 대하여 분별을 일으키지 않고 딴
분별이 없으며, 땅·물·불·바람·허공·뜻·
요소에 대하여서도 분별을 일으키지 않고 딴분
별이 없으며, 나·유정·목숨 난다는 것·기르
는 것·장부·받는 것·아는 것·보는 것에서도

분별을 일으키지 않고 딴분별이 없으며, 보시와
인색함·지계와 범계·참음과 성냄·정진과 게
으름·선정과 산만·반야와 어리석음에 대하여
서도 분별을 일으키지 않고 딴분별을 일으키지
않으며, 깨달음·선정·해탈·도에 대하여도 분
별을 일으키지 않고 딴분별이 없으며, 중생·성
문·독각·보살·부처님의 법에 대하여 분별을
일으키지 않고 딴분별이 없으며, 집착 없음의
지혜·밝음과 해탈·해탈의 지혜·부처님들의
지혜에 대하여 분별을 일으키지 않고 딴분별이
없나니, 무슨 까닭이겠는냐. 선용맹아, 만일 분
별이 있으면 이는 곧 딴분별이 있는 것이거니와
여기에 분별이 없으면 이는 곧 딴분별도 없는
것이니라. 어리석은 범부 중생들은 모두가 분별
에서 일어난 바이며, 그들의 생각은 모두가 분
별에서 일어났나니 그러므로 보살은 분별을 일
으키지 않고 딴분별도 없느니라. 선용맹아, 분별
이라 함은 첫째의 끝이요. 딴분별이라 함은 다
른 한 끝이니, 만일 여기에서 분별을 일으키지
않고 딴분별도 없으면 이는 곧 두 끝을 멀리 여

의고 중간도 없는 것이니라. 만일 여기에 분별이 없다면 딴분별도 없는 것이니, 이 까닭에 분별과 딴분별을 끊는 이치가 있느니라. 선용맹아, 분별을 끊는다함은 끊을바 없음을 이름이니 무슨 까닭이겠느냐.

선용맹아, 아무 것도 없음에 의하여 허망하게 분별하고 다르게 분별하는 힘 때문에 뒤바뀜이 일어났거니와 그것이 고요한 것이므로 뒤바뀜이 없고, 뒤바뀜이 없으므로 도무지 끊을 바가 없느니라. 선용맹아 끊을 바 없음이라 함은 괴로움이 끊어졌음을 강조하는 말이니, 만일 괴로움의 제 성품이 조그만치라도 진실함이 있다면 끊을 것이 있겠지만 괴로움의 제 성품이 조그만치라도 진실함이 없으므로 끊을 바가 없느니라. 다만 괴로움이 없음을 보면 괴로움을 끊었다 하나니, 이른바 괴로움이 도무지 제 성품이 없어서 조그만치라도 얻을 수 없으므로 괴로움을 끊었다 하며, 모든 괴로움이 분별과 딴분별이 없으므로 괴로움이 고요해졌다 하나니, 이는 곧 괴로움이 생기지 못하게 하는 뜻이니라. 선용맹

아 만일 보살들이 능히 이와 같이 보면 모든 법
에서 분별을 일으키지 않고 딴 분별이 없어지리
라. 선용맹아, 이것이 보살이 분별과 딴분별의
성품을 두루 알고서 반야바라밀다를 수행하는
것이니라. 선용맹아 만일 보살들이 이와 같이
행하고 능히 이와 같이 머물러서 반야바라밀다
를 수행하면 속히 원만해져서 온갖 악마가 장애
하지 못하며, 나쁜 길에 빠지게 하는 온갖 나쁜
인연을 멈추고 세간의 뭇 삿된 길을 끊으며, 번
뇌를 끊고 온갖 법에서 깨끗한 눈을 얻어서 유
정들에게 큰 광명을 주며, 부처의 종자를 계승
하여 끊이지 않게 하고 참된 도를 증득하여 평
등한 성품을 연설하며, 유정들은 가엾이 여기어
깨끗한 눈을 일으키며, 정진을 구족하여 모든
게으름을 여의며, 잘 참아서 성냄을 멀리 여의
며, 선정에 들어가서 의지하는 바가 없으며, 참
된 반야를 얻어서 통달한 지혜를 이루며, 나쁜
짓을 제해 버려서 얽매임을 멀리 여의며, 악마
의 밧줄을 벗어나서 애욕의 그물을 끊으며, 바
른 기억에 머물러서 잊음이 없으며, 맑은 계율

을 얻어서 계율의 언덕에 이르르며 공덕에 머물러서 모든 허물을 여의며, 선정과 지혜의 힘을 얻어서 요동치 않고 온갖 외도의 학설이 그를 무찌를 수 없고 모든 법의 깨끗함을 얻어서 영원히 물러남이 없으며, 모든 법을 연설하여 두려움이 없음을 얻으며, 대중 속에 들어가도 마음에 두려움이 없으며, 모든 묘한 법을 보시하여 아낌이 없으며, 평등한 도로써 모든 길을 맑히며, 삿된 길을 여의기를 맹세하여 닦을 바를 닦으며, 청정한 법으로써 익혀야할 바를 익히며, 청정한 지혜로써 맑혀야할 바를 맑히며, 그릇과 법도가 깊고 넓어서 마치 큰 바다와 같으며, 담담히 요동치 않아서 헤아릴 수 없으며, 법 바다가 끝이 없어서 모든 수량을 초월하느니라.

82

또 다시 선용맹아, 보살이 이와 같이 반야바라
밀다를 수행하면 묘한 몸매가 줄지 않고 재물과
지위가 줄지 않고 권속이 줄지 않고 종류가 줄
지 않고 가족이 줄지 않고 국토가 줄지 않고 변
두리에 태어나지 않고 여가 없음을 만나지 않고
더럽고 나쁜 유정과 함께 살지 않고 부정한 사
업에 가까워지지 않으며, 스스로 마음이 물러서
지 않고 지혜가 줄지 않으며, 남에게 갖가지 법
문을 들으면 모두 평등한 법성으로 회통해 들어
가고 부처의 종자인 온갖 지혜의 지혜를 이어
받아 항상 번성하여 끊임이 없게 하며, 모든 불
법에서 이미 광명을 얻었고 이미 온갖 지혜의
지혜로 가까워졌느니라.

83

또 다시 선용맹아, 만일 어떤 보살들이 반야바라밀다의 날카로운 지혜의 칼과 검을 성취하여 큰 세력을 갖추면 이 보살은 어디에도 의지하는 바가 없고 온갖 하는 일도 모두가 의지하는 바가 없느니라, 무슨 까닭이겠느냐.

선용맹아, 만일 의지하는 바가 있으면 옮김이 있고, 옮김이 있으면 요동이 있고, 요동이 있으면 희론이 있기 때문이니라.

선용맹아, 만일 어떤 유정이 의지함이 있고 요동이 있고, 희론이 있으면 이 유정들은 마의 힘을 따라 행하는 것으로써, 마의 경계를 벗어나지 못하느니라. 만일 의지하는 바가 있고 의지할 바에 얽매이고 의지할 곳에 의지하면 그는 반드시 다시 악마의 경계에 떨어져서 악마의 올가미를 벗어나지 못하고 항상 악마의 고삐에 끌려 다니리니, 의지할 바에 얽매인 이나 의지할 바에 의지한 모든 외도 선인들과 같으니라. 선용맹아, 만일 보살들이 깊은 반야바라밀다를 행하거나 닦거나 깊은 반야바라밀다를 이해하면 이 보살들은 곳에 의지하지 않고 모든 하는 일도 의지하는 바가 없느니라. 선용맹아, 만일 어떤 보살마하살이 용맹스럽고 부지런하게 반야바라밀다를 수행하여 순수하고 편안히 머무르면 그 보살은 물질·느낌·생각·지어감·의식에도 의지하지 않고, 눈·귀·코·혀·몸·뜻에도 의지하지 않으며, 빛·소리·향기·맛·닿임·법에도 의지하지 않고, 눈·귀·코·혀·몸·뜻·알음에도 의지하지 않으며, 뒤바뀜·삿된 소견·모든 가리움·모든 애욕에 의지하지 않으며, 연기에 의지하지 않고 욕심세계 현상세계 무형세계에 의지하지 않으며, 나·유정·목숨·난다는 것·기른다는 것·장부·푸드갈라·일한다는 것·받는다는 것·안다는 것·본다는 것과 그러한 온갖 망상에 의지하지 않으며, 땅·물·불·바람·허공·뜻·요소에 의지하지 않느니라. 또한 유정세계 법계에 의지하기 않으며, 선정과 내지 생각도 생각 아님도 아닌 하늘에 의지하지 않으며, 성품이 있음에 의지하지 않고 성품 없음에도 의지하지 않으며, 보시와 인색함·계율 지킴과 계율 범함·참음과 성냄·정진과 게으름

선정과 행동 반야와 어리석음에도 의지하지 않
으며, 깨달음·선정·해탈·도의 진리에도 의지
하지 않으며, 집착 없는 지혜·해탈의 지혜에도
의지하지 않으며, 중생·성문·독각·보살·부
처의 지위에도 의지하지 않으며, 열반에 의지하
지 않고, 과거·미래·현재의 지혜에 의지하지
않고 삼세의 평등한 성품에도 의지하지 않느니
라. 부처님의 지혜와 힘·온갖 지혜의 지혜에도
의지하지 않고, 성문·독각·보살의 원만함과
온갖법에도 의지하지 않나니, 의지하지 않기 때
문에 온갖 것을 제하여 버리고 의지함이 없는
것을 자세하지도 않으며, 또는 이것이 의지함이
다, 여기에 의지한다, 여기에 속해서 의지한다,
이것에 의하여 의지한다 함을 얻을 수도 없으며
의지하는 바에 대하여 자세하거나 집착함도 없
나니, 이런 보살들은 모든 의지에서 자세함·얻
음·집착함·취함·말함·기뻐함·집착됨이 없
이 머무르며, 온갖 의지에도 물들지도 않고 모
든 의지 때문에 걸리지도 않으면서 온갖 의지의
맑은 법을 증득하느니라.

84

또 다시 선용맹아, 만일 어떤 보살마하살이 반야바라밀다를 행하면 물질·느낌·생각·지어감·의식의 합한 모습을 행하지 않고, 물질·느낌·생각·지어감·의식의 여윈 모습도 행하지 않으며, 눈·귀·코·혀·몸·뜻의 합한 모습을 행하지 않고, 눈·귀·코·혀·몸·뜻의 여윈 모습도 행하지 않으며, 빛·소리·향기·맛·닿임·법의 합한 모습과 여윈 모습도 행하지 않으며, 눈·귀·코·혀·몸·뜻·알음의 합한 모습과 여윈 모습도 행하지 않느니라. 또한 물질·느낌·생각·지어감·의식의 청정함과 부정한 모습을 행하지 않고, 눈·귀·코·혀·몸·뜻의 청정함과 부정함의 모습도 행하지 않으며, 빛·소리·향기·맛·닿임·법의 청정함과 부정한 모습을 해하지 않느니라.

85

물질의 본 성품의 청정함과 부정함·합함과
여읨의 모습을 행하지 않고, 느낌·생각·지어
감·의식의 본성품의 청정함과 부정함·합함과
여읨의 모습을 행하지 않고, 눈·귀·코·혀·
몸·뜻의 본성품의 청정함과 부정함 합함과 여
읨의 모습도 행하지 않으며, 빛·소리·향기·
맛·닿임·법의 본성품의 청정함과 부정함 합함
과 여읨의 모습을 행하지 않으며, 눈·귀·코·
혀·몸·뜻·알음의 본성품의 청정함과 부정함
의 모습도 행하지 않느니라.

86

선용맹아, 보살들이 능히 이와 같이 행하면 물질·느낌·생각·지어감·의식과 합하거나 여의지 않고, 눈·귀·코·혀·몸·뜻과 합하거나 여의지 않으며, 빛·소리·향기·맛·닿임·법과 합하거나 여의지 않으며, 눈·귀·코·혀·몸·뜻·알음과 합하거나 여의지 않으며, 명색·뒤바뀜·삿된 소견·모든 가리움·애욕과 합하거나 여의지 않으며, 욕심세계·형상세계·무형세계와 합하거나 여의지 않으며, 나·유정·목숨·난다는 것·기른다는 것·장부·푸드갈라·일한다는 것·받는다는 것·안다는 것·본다는 것의 망상 있는 것과 망상 없는 것과 합하거나 여의지 않으며, 아주 없음이나 항상함과 합하거나 여의지 않느니라.

십팔계나 십이처와 합하거나 의의지 않으며, 유정세계나 법계와 합하거나 여의지 않으며, 땅

· 물 · 불 · 바람 · 허공 · 뜻 · 요소와 합하거나 여의지 않으며, 부정과 청정 · 보시와 인색함 · 지계와 범계 · 참음과 성냄 · 정진과 게으름 · 선정과 산만 · 반야와 어리석음과 합하거나 여의지 않으며, 중생 · 성문 · 독각 · 보살 · 부처의 법과 합하거나 여의지 않으며, 무작 · 무착의 지혜 · 열반 부처님의 지혜와 합하거나 여의지 않으며, 불국토의 장엄 · 성문 · 독각 · 보살의 원만함과 합하거나 여의지 않느니라. 무슨 까닭이겠느냐. 선용맹아, 온갖 법은 합하거나 여의기 위하여 있는 것이 아니기 때문이니라.

선용맹아, 모든 법은 모두가 뒤바뀜에 의하여 일어난 바이니, 모든 뒤바뀜에는 합하거나 여읨이 있지 않느니라. 무슨 까닭이겠느냐. 선용맹아, 모든 뒤바뀜의 일은 조그만치도 얻을 수 없고 또 실제로 일어나는 성품도 얻을 수 없는 것이니, 무슨 까닭이겠느냐. 뒤바뀜은 진실치 않고 허망하고 거짓이고 공하고 없기 때문이니, 여기에는 조그만치도 뒤바뀜이라 이름할 만한 진실한 법이 있지 않느니라. 선용맹아, 뒤바뀜이라 함은 유정들을 어지럽게 하고 유정들을 시설하는 것이니 여러 유정들은 허망한 분별에서 나타난 바이므로 유정들로 하여금 허망하게 자세함·집착·요동·희론을 일으키게 하느니라. 어리석은 범부 중생들은 허망함과 뒤바뀜에 속아서 온갖 법이 합하거나, 여읨도 아닌 성품에서 허망하게 합하거나, 여읨이 있다고 여기고 실제로 있다고 하느니라. 어리석고 뒤바뀐 이들은 진실이 없는 가운데서 진실이 있다는 생각을 일으키어 벗어나기 어렵나니, 그러므로 온갖 어리석은 범부들은 허망하게 합함과 여읨을 보느니라. 뒤바뀌고 얽매여서 생사에 헤매이나니, 이른바 얻음에 합하고 머무름에 합하고 소견에 합하고 있음에 집착하는데, 합하는 것으로써 합하는 까닭에, 있음에 집착하거니와 여읨이라 함은 합함을 제하여 벼려야 여의게 되느니라. 선용맹아, 만일 어떤 곳에 합함이 있으면 거기에는 여읨이 있거니와, 만일 합한 가운데 얻음이 없고 자세함이 없고 집착함을 일으키지 않으면, 여읨도 보지 않느니라. 선용맹아, 만일 여읨 가운데 얻음이 있고 자세함이 있고 집착을 일으키고 집착하면, 그는 합함이 있어서 생사의 고통을 여의지 못하느니라.

선용맹아, 보살들은 이런 뜻을 보았으므로 모든 법성과 합하지도 않고 여의지도 않으며, 또 어떤 법이 합하거나 여의기 위하여 작용을 하든지 닦아 배우는 것이 아니니라.

선용맹아, 보살들은 합함과 여읨을 두루 알아서 반야바라밀다를 수행하나니, 선용맹아 이런 보살들은 반야바라밀다에 머물러서 온갖 지혜의 법을 속히 원만케 하느니라.

87

또 다시 선용맹아, 만일 보살들이 반야바라밀
다를 수행하면 물질·느낌·생각·지어감·의식
의 집착 있음과 집착 없음을 행하지 않고, 눈·
귀·코·혀·몸·뜻의 집착 있음과 집착 없음을
행하지 않으며, 빛·소리·향기·맛·닿임·법
의 집착 있음과 집착 없음을 행하지 않고, 눈·
귀·코·혀·몸·뜻·알음의 집착 있음과 집착
없음을 행하지 않느니라.

또 물질·느낌·생각·지어감·의식의 집착
있음과 집착 없음의 청정함을 행하지 않고, 눈
·귀·코·혀·몸·뜻의 집착 있음과 집착 없음
의 청정함을 행하지 않으며, 빛·소리·향기·
맛·닿임·법의 집착 있음과 집착 없음의 청정
함을 행하지 않으며, 눈·귀·코·혀·몸·뜻·
알음의 집착 있음과 집착 없음의 청정함을 행하
지 않느니라.

88

또 물질의 집착 있음과 집착 없음의 합함과 여읨을 행하지 않고, 느낌·생각·지어감·의식의 집착 있음과 집착 없음의 합함과 여읨을 행하지 않으며, 눈·귀·코·혀·몸·뜻의 집착 있음과 집착 없음의 합함과 여읨을 행하지 않으며, 빛·소리·향기·맛·닿임·법의 집착 있음과 집착 없음의 합함과 여읨을 행하지 않으며, 눈·귀·코·혀·몸·뜻 알음의 집착 있음과 집착 없음의 합함과 여읨을 행하지 않느니라. 무슨 까닭이겠느냐 선용맹아, 이러한 온갖 법들은 모두가 옮김·자세함·집착함·요동·행함·관찰함이 있기 때문이니, 보살들은 이러한 온갖 것을 두루 알아서 다시는 여기에서 행하거나 관찰하지 않느니라.

무슨 까닭이겠느냐 선용맹아, 이 보살들이 반야바라밀다를 수행할 때에 행한다는 것과 행할 법을 도무지 보지 않기 때문이니라. 선용맹아, 이 보살들은 도무지 행하는 바가 없으나 잘 깨달아

들어가고, 모든 행을 두루 알아서 반야바라밀다를
행하느니라. 선용맹아, 보살들이 능히 이와 같이
행하면 온갖 지혜의 법을 속히 원만케 하느니라.

『대반야바라밀다경』 600권

89

또 다시 선용맹아, 만일 보살들이 반야바라밀다를 수행하면 물질의 고요함과 고요하지 않음을 행하지 않고, 느낌·생각·지어감·의식의 고요함과 고요하지 않음을 행하지 않으며, 눈·귀·코·혀·몸·뜻의 고요함과 고요하지 않음을 행하지 않으며, 빛·소리·향기·맛·닿임·법의 고요함과 고요하지 않음을 행하지 않으며, 눈·귀·코·혀·몸·뜻 알음의 고요함과 고요하지 않음을 행하지 않느니라.

90

또 물질의 본 성품의 청정함과 부정함을 행하지 않으며, 느낌·생각·지어감·의식의 본성품의 청정함과 부정함을 행하지 않고, 눈·귀·코·혀·몸·뜻의 본성품의 청정함과 부정함을 행하지 않고, 빛·소리·향기·맛·닿임·법의 본성품의 청정함과 부정함을 행하지 않으며, 눈·귀·코·혀·몸·뜻의 본성품의 청정함과 부정함을 행하지 않느니라.

91

또 물질·느낌·생각·지어감·의식의 본성품의 멀리 여읨과 멀리 여의지 않음을 행하지 않고, 눈·귀·코·혀·몸·뜻의 본성품의 멀리 여읨과 멀리 여의지 않음을 행하지 않고, 눈·귀·코·혀·몸·뜻·알음의 본성품의 멀리 여읨과 멀리 여의지 않음도 행하지 않느니라.

92

또 선용맹아, 만일 보살들이 반야바라밀다를 행하여 물질을 자재하여 집착하지 않고, 느낌·생각·지어감·의식을 자재하여 집착하지 않으며 눈·귀·코·혀·몸·뜻을 자재하여 집착하지 않으며 눈·귀·코·혀·몸·뜻 알음을 자재하여 집착하지 않느니라.

93

또 물질의 청정함을 집착하지 않고, 느낌·생각·지어감·의식의 청정함을 집착하지 않고, 눈·귀·코·혀·몸·뜻의 청정함을 집착하지 않고, 눈·귀·코·혀·몸·뜻 알음의 청정함을 집착하지 않느니라.

94

선용맹아, 보살들이 능히 이와 같이 행하면 이 것이 여래의 열 가지 힘, 네 가지 두려움 없음, 네 가지 걸림 없는 지혜, 크게 인자함, 크게 가 엾이 여김, 크게 기뻐함, 크게 버림, 열여덟 가 지 함께하지 않는 법에 가까워지는 것이니, 또 선용맹아, 보살들이 능히 이와 같이 행하면 이 것이 서른두 가지 거룩한 모습과 여든 가지 잘 생긴 모습에 가까워지는 것이니, 몸이 순금빛 이어서 끝없는 광명이 나오고, 용과 코끼리 같 아서 정수리를 볼 수 없느니라. 또 선용맹아, 보 살들이 능히 이와 같이 행하면 집착 없고 걸림 없는 지혜에 가까워져서 결정코 수기를 받게 되 느니라.

또 선용맹아, 보살들이 능히 이와 같이 행하면 온갖 불법의 청정함을 속히 증득하고 불국토의 청정함을 속히 증득하고 성문 보살들의 원만함 을 속히 받아들이느니라.

95

선용맹아, 보살들이 능히 이와 같이 행하면 물질에 머무르지 않고 느낌·생각·지어감·의식에 머무르지 않으며, 눈·귀·코·혀·몸·뜻에 머무르지 않으며, 빛·소리·향기·맛·닿임·법에 머무르지 않고, 눈알음 내지 귀·코·혀·몸·뜻 알음에 머무르지 않으며, 명색에 머무르지 않고, 뒤바뀜·삿된 소견·가리움·애욕에 머무르지 않으며, 욕계·색계·무색계와 법계에도 머무르지 않고, 땅·물·불·바람·허공·의식 요소에 머무르지 않으며, 나·유정·목숨·난다는 것·기른다는 것·장부·프드갈라·어린이·일한다는 것·받는다는 것·안다는 것·본다는 것과 그러한 생각들에 머무르지 않으며, 아주 없음과 항상함에 머무르지 않고, 더러움과 깨끗함·연기에 머무르지 않으며, 보시·인색함·계율지킴·계율 범함·참음·성냄·정진·게으름·선정·산만·반야·어리석음에 머무르지 않으며, 깨달음·선정·해탈에 머무르지 않으며, 조작 없는 지혜·집착 없는 지혜와 생멸 없는 지혜에 머무르지 않으며, 괴로움·집착·사라짐·도의 진리에 머무르지 않고, 중생·독각·보살·부처의 지위에 머무르지 않으며, 부처님의 지혜·불국토의 원만함·부처의 법에 머무르지 않고, 생사와 열반에 머무르지 않으며, 성문과 보살의 원만함에도 머무르지 않나니, 무슨 까닭이겠느냐 선용맹아, 온갖 법에 머무를 수 없기 때문이니라. 선용맹아, 온갖 법엔 머무를 수 있는 뜻이 있지 않나니 그 까닭이 무엇이겠느냐, 온갖 법은 모두가 집착해 갈무리 할 수 없고, 갈무리해 집착할 수 없으므로 머무를 수 없느니라.

선용맹아, 조그만치의 법도 진실로 나는 것이 없나니 조그만치의 법도 진실로 나는 것이 없으므로 도무지 머무는 바가 없느니라. 그러므로 모든 법은 머무는 뜻이 없다 하였느니라.

선용맹아, 머무는 바 없음과 머무름으로써 방편을 삼는 까닭에 온갖 법이 도무지 머무는 바가 없다 하노라. 선용맹아, 조그만치의 법도 머무른다 할 수 있는 것이 없나니 모든 법이 조작 없음에 이르기까지 모든 지어감이 다하지 않으면 끝내 머무는 뜻이 없느니라.

선용맹아, 조작 없음의 행이라 함은 여기에서 머물거나 머물지 않음이 없고, 장애시킴도 없다는 뜻이거늘 모두가 세속의 수효에 의하여 말하였나니, 실제로는 머무름이 없고, 장애시킴이 없고 마지막 다함도 없으며, 또한 머물지 않음도 없느니라. 이와 같이 보살마하살들은 온갖 법이 머무름 없음의 방편에 의하여 반야바라밀다를 수행하느니라. 선용맹아, 보살들이 능히 이와 같이 행하면 온갖 지혜의 법을 빨리 원만케 하고, 위없는 정등보리에 가까워지고, 묘한 보리의 자리에 앉고, 온갖 지혜를 빨리 증득하고, 삼세의 지혜를 빨리 원만케하고, 온갖 유정의 마음씨의 차별을 빨리 원만케 하나니, 묘한 지혜를 두루 알기 때문이니라.

96

선용맹아, 보살마하살들이 온갖 유정들을 두루 이롭게 하고자 하거나, 재물보시로써 온갖 유정을 만족하게 하고자 하거나, 법보시로써 온갖 유정의 소원을 모두 원만케 하고자 하거나, 온갖 유정의 무명의 껍질을 파괴하고자 하거나, 온갖 유정들에게 큰 지혜와 부처님의 지혜를 두루 주고자 하거나, 온갖 유정을 모두 이롭고 즐겁게 하고자 하거나, 온갖 유정의 청백한 선정을 풍족히 하고자 하거나, 온갖 유정의 해탈을 지혜를 풍족히 하고자 하거나, 세간에서 묘한 법을 연설하고자 하면 의당 이와 같은 심히 깊은 반야바라밀다를 배워서 용맹하고 부지런함이 잠시도 끊이지 않게 할 것이며, 심히 깊은 반야바라밀다를 배우되 부지런히 닦아 배워서 망설임 없이 해야 하느니라. 이와 같이 닦아 배우면 온갖 지혜의 법을 속히 원만케 하리라.

선용맹아, 만일 어떤 선남자 선여인들이 이 반야바라밀다를 듣고 기꺼이 받아들여 진실하다는 생각을 내면, 나는 말하기를 그러한 무리는 능히 위없는 정등 보리의 수승한 선근을 이끌어 일으키어 마지막 경지에 빨리 이르리라 하노라.

선용맹아, 만일 어떤 보살들이 손이 이와 같이 심히 깊은 반야바라밀다의 방편 선교에 상응하는 교법을 잡고 있으면 이 보살에겐 설사 지금에는 부처님의 수기를 받지 않았더라도 부처님의 수기를 받는데 가까워졌거나 혹은 오래지 않아서 부처님이 나타나셔서 수기를 받을 줄 알 수 있느니라. 그리고 위없는 정등보리에 가까워졌음이 결정코 의심없느니라. 보살이 손에 이와 같이 심히 깊은 반야바라밀다를 잡으면 속히 보리의 자리에 앉으며, 빨리 온갖 지혜의 지혜를 얻으며, 그는 오래지 않아 법왕이 되어서 온갖 법에 크게 자유로우리라.

또 보살들이 반야바라밀다를 얻어서 부지런히 닦아 배우면, 이 보살들은 오래지 않아 온갖 지혜의 지혜에 젖고, 온갖 지혜의 지혜에 들어가서, 온갖 지혜의 지혜를 들어내며, 이 밖에 온갖 유정들을 윤택하게 하고, 위없는 법보를 분별하여 보이느니라. 또 선용맹아, 보살들이 배우는 반야바라밀다가 세간에 나타나면 유정들에게 밝은 횃불이 되어 주느니라.

보살마하살들이 반야바라밀다를 배우면 모든 배움 중에서 가장 수승한 배움이니, 이런 보살들 유정들을 위해 두루 열반의 길을 밝히느니라.

반야바라밀다를 배우면 모든 배움 가운데 가장 수승한 제일이며, 묘함이며, 미묘함이며, 위이며, 위없음이며, 같음이 없음이며, 같음이 없으되 같기 때문이니라.

또 선용맹아, 보살들이 반야바라밀다를 배우면 온갖 학문이 모두 마지막에 이르게 되고, 온갖 학문을 두루 받아 지니고, 온갖 학문을 두루 열어 보이고, 온갖 외도의 학문을 능가하느니라.

또한 반야바라밀다는 과거·현재·미래의 불보살의 행을 수행하는 것이니라. 이같이 배울 바 심히 깊은 반야바라밀다는 온갖 세간에서 배울 바 학문을 초월하여 가장 존귀하고 가장 수승하니라.

또 선용맹아, 만일 반야바라밀다를 배우면 모

든 법 가운데에서 도무지 재울 것이 없나니 세간과 세간 밖과 유위와 무위와 유루와 무루와 이와 같은 온갖 법문에 대하여 집착하지 않고 온갖 법에 집착 없이 머무르며 유정들에게 위없이 청정한 배움을 뒤바뀜 없이 열어 보이느니라.

무슨 까닭이겠느냐 선용맹아, 온갖 법은 집착도 없고 속박도 없기 때문이니 조그만치의 법도 집착하거나 속박하기 위하여 있지 않으며, 이 까닭에 해탈하는 뜻도 없느니라.

97

선 용맹아, 물질이 집착 없고 속박 없고 해탈도 없으며, 느낌 · 생각 지어감 · 의식이 집착 없고, 속박 없고, 해탈도 없으며, 눈 · 귀 · 코 · 혀 · 몸 · 뜻이 집착 없고 속박 없고 해탈도 없으며, 빛 · 소리 · 향기 · 맛 · 닿임 · 법이 집착 없고 속박 없고 해탈도 없으며, 눈 · 귀 · 코 · 혀 · 몸 · 뜻의 알음이 집착 없고 속박 없고 해탈도 없으며, 뒤바뀜 · 삿된 소견 · 모든 가리움 · 애욕의 행이 집착 없고 속박 없고 해탈도 없으며, 탐욕 · 성냄 · 어리석음 · 집착 없고 속박 없고 해탈도 없으며, 유정의 세계와 자성 · 진여 · 법계가 집착 없고 속박 없고 해탈도 없으며, 나 · 유정 · 목숨 · 난다는 것 · 기른다는 것 · 장부 · 푸드갈라 · 뜻대로 남 · 어린이 · 일한다는 것 · 받는다는 것 · 안다는 것 · 본다는 것과 모든 망상이 집착 없고 속박 없고 해탈도 없느니라.

믿을 수 없다는 것이니, 땅 · 물 · 불 · 바람 · 허공이 집착 없고 속박 없고 해탈도 없으며, 연기 · 보시와 인색함 · 계율 가짐 · 계율 범함 · 참음

과 성냄·정진과 게으름·선정과 어지러움·반
야와 어리석음이 집착 없고 속박 없고 해탈도
없으며, 도·깨달음·선정·해탈이 집착 없고
속박 없고 해탈도 없느니라.

중생·성문·독각·보살·부처의 법이 집착
없고 속박 없고 해탈도 없으니, 무슨 까닭이겠
느냐 선용맹아, 온갖 법은 집착을 얻을 수도 없
고 속박을 얻을 수도 없기 때문이니, 속박과 집
착을 얻을 수 없다면 그에서 해탈하는 것도 있
을 수 없느니라.

선용맹아, 집착과 속박이라 함은 법성을 집착
하여 얽매이는 것이니, 법성이 이미 있는 것이
아니므로 집착이나 속박이 있다고 할 수 없느니
라.

또 해탈이라 함은 집착과 속박을 벗어나는 것
이니 그 두 가지가 없는 것이므로 해탈도 없느
니라.

선용맹아, 해탈이 없다함은 이른바 모든 법에
서 도무지 해탈의 성품을 얻을 수 없는 것이니,
만일 이와 같이 보면 이것을 집착 없는 지견이

라 하느니라. 선용맹아, 집착 없음이라 함은 이른바 여기에서 집착을 얻을 수 없다는 것이니, 집착과 집착 없음의 성품의 집착은 진실한 성품이 없으므로 집착 없음이라 하며, 이 가운데는 집착하는 이와 집착할 바와 이를 말미암는다. 이를 위한다, 이를 인한다, 이에 속한다 하느니라. 선용맹아, 속박 없음이라 함은 이른바 여기에서 속박을 얻을 수 없다는 것이니, 속박과 속박 없음의 성품은 속박이 진실한 성품이 없으므로 속박 없음이라 하며, 여기에서 속박하는 이와 속박 받는 바와 이를 말미암는다. 이를 위한다, 이를 인한다, 이에 속한다 함은 모두 얻을 수 없으므로 속박 없음이라 하느니라.

선용맹아, 만일 모든 법에 속박과 집착이 없다면 어떻게 어떤 법에서 벗어난다 하겠느냐. 선용맹아, 집착 없고 속박 없고 해탈도 없으며 얽매임을 떠나 청량하면 참다운 해탈이라 하느니라. 선용맹아, 만일 모든 법에 집착되지 않으면 속박이 없을 것이요. 만일 모든 법에 결박되지 않으면 해탈도 없으리니, 세 가지 일을 멀리 여의어서 얽매임을 떠나 청량하면 이것을 참다운 해탈이라 하느니라.

선용맹아, 이 보살들은 모든 법이 집착 없고 속박 없고 해탈도 없음을 깨달아서 참된 지견을 얻은 뒤에 반야바라밀다를 수행하느니라.

선용맹아, 만일 보살들이 능히 이와 같이 행하여 차츰차츰 위없는 정등보리에 가까워지면 온갖 지혜의 지혜를 속히 증득하느니라.

선용맹아, 나는 이와 같이 심히 깊은 반야바라밀다의 법인으로써 모든 보살마하살들에게 도장을 찍어서 의심의 그물을 끊고 심히 깊은 반야바라밀다를 부지런히 닦아 배워서 빨리 마지막 경지에 이르게 하느니라.

선용맹아, 나는 이제 이러한 법인을 가지고 오래도록 세간에 머무르면서 유정들을 이롭고 즐겁게 하려하노니 그 까닭이 무엇이겠느냐.

나의 성문들은 반야바라밀다의 법인을 지닐만한 수승한 위신력이 없으나 내가 입멸한 뒤 나중 나중 시기인 마지막 오백세에 이르기까지 유정들을 이롭게 하기 때문이니라.

98

그 때에 부처님께서 현수보살과 보사보살 등 오백명의 우두머리 보살과 선용맹 보살마하살에게 말씀하셨다. 선남자야 너희들은 여래가 한량없고 수 없는 백 천 만억 수없는 겁에 진작부터 닦아 모은, 심히 깊은 반야바라밀다를 너희 우두머리로부터 여러 보살들이 심히 깊은 반야바라밀다에서 흘러나온 것과, 심히 깊은 반야바라밀다에 의해 세워진 법장을 잘 지니라. 너희들은 이러한 법장을 잘 지니었다가 내가 열반한 나중 나중 시기인 마지막 500세 위 없는 바른 법이 사라지려할 시기에 유정들에게 널리 연설해서 보여주어, 그들로 하여금 듣고서 큰 이익과 안락을 얻도록 하라. 그때에 보살들이 이 말씀을 듣고 모두가 자리에서 일어나 부처님의 발에 합장하여 정례하고 공경히 소리를 맞추어 사뢰었다.

세존이시여, 저희들은 반드시 이와 같은 법장 즉 여래께서 한량없고 수없는 백천 코오티 나유

타 수천만억 겁에 진작부터 닦아 모으신 심히 깊은 반야바라밀다를 으뜸으로 하여 심히 깊은 반야바라밀다에서 흘러나왔고, 심히 깊은 반야바라밀다에 의하여 세워진 위없는 법장을 받아 지니겠습니다. 저희들은 이와 같은 법장을 지니고 있다고 부처님께서 열반에 드신 뒤 나중 나중 시기인 마지막 오백세에 위없는 바른 법이 사라지려할 시기에 유정들에게 널리 연설해서 보여주어, 그들로 하여금 듣고서 큰 이익과 안락을 얻게 하겠습니다.

세존이시여, 그때가 되면 큰 두려움이 있을 것이며, 큰 험난이 있을 것이며, 큰 포악이 있으리이다. 또 그 때가 되면 유정들은 다분히 법이 없어질 업을 지어서 마음속에 탐욕이 많으리니, 평등치 않는 탐욕과 법답지 않은 탐욕에 물들고 인색함과 질투에 그 마음이 결박되며, 발끈하는 진심이 많고 추악한 말을 즐기어 쓰며, 아첨과 거짓으로 그릇된 법을 즐기어 쓰며, 아첨과 거짓으로 그릇된 법을 즐기어 행하고 격멸하는 생각을 많이 품어 싸우기와 송사하기를 즐겨하며, 계율 아닌 위치에 머물러서 금지한 음식을 탐내어 먹으며, 게으름이 늘어나서 정진이 약해지며, 바른 기억을 잊고 바르지 않은 지견에 머무르며, 큰소리를 치면서 비스듬히 서서 교만을 부리며, 나쁜 업 행하기를 좋아하고 속마음을 숨기며, 탐욕·성냄·어리석음이 늘어나서 선근이 얇아지며, 무명의 껍데기에 가리워지며, 온갖 하는 것은 모두가 악마의 무리를 따르며, 깊은 법률에 대하여는 항상 원수같이 생각하며, 법보장에 대하여는 언제나 큰 도적 같은 생각을 내며, 품성이 흉악해서 가까이 할 수도 없으리이다.

세존이시여, 저희들은 지금 결정코 이와 같은 법장 즉 여래께서 한량없고 수 없는 코오티 나유타 수 천만 억 겁의 선근으로 닦아 모으신 위없는 법장을 잘 지니었다가 그 유정들에게 큰 이익을 주겠습니다.

세존이시여, 그때가 되면 혹시 조그만치의 유정은 이 법장을 부지런히 배우려 하리니 그들은 성품이 곧고 아첨이 없으며, 차라리 자기의 목숨을 던질지언정 법의 원수가 되지 않으려 하며, 깊은 법을 비방하거나 등지지도 않으리이다. 저희들은 그에게 이로움을 주겠사오니 이 깊은 법을 보이고 권장하고 인도하며 격려하고 찬탄해서 기꺼이 닦아 배우게 하겠습니다. 그럴 때면 세존께서는 신통력으로써 반야바라밀다의 미묘하고 심히 깊고 위없는 법장을 보호하셔서 악마들이 파괴하지 못하게 하옵시고 다시 위신력으로써 이 법을 수행하는 사람을 보호하셔서 그들로 하여금 악마의 고삐를 숙연히 벗어나고 수행하던 것이 빨리 마지막 경지에 이르게 하옵소서.

그 때에 세존께서 빙긋이 웃으시면서 큰 광명을 놓아 삼천대천세계를 두루 비치시니 하늘과 인간 두 곳에 유정들이 부처님의 광명에 인하여 서로서로 보게 되었다.

이 때에 이 모임 가운데 하늘·용·야차·건달바·아수라·가루다·긴나라·마후라가와 그 밖에 갖가지 신들이 모두 하늘의 묘한 꽃을 가지고 와서 부처님께 받들어 흩으면서 공양하였다. 그리고 다시 찬탄의 말씀을 하였다.

심히 기이 하시옵니다. 여래의 큰 위신력으로 법장과 수행하는 이를 보호하여 악마들이 파괴하지 못하게 하시며 온갖 마군의 고삐를 끊고 자유를 얻게 하시며 수행한 바가 속히 마지막에 이르게 하시나이다.

만약 어떤 선남자 선여인이 이 법문을 받아 지니고 읽고 외우고 남에게 연설하면 다시는 여러 악마들을 두려워하지 않을 것이요, 어떤 보살들이 이 법문을 받아 지니고 읽고 외우고 남에게 연설하면 모든 악마들을 항복시키어 악마들이 그를 장애하지 못하게 되리이다.

그 때에 부처님께서 선용맹에게 말씀하셨다. 그렇다 하늘들의 말과 같다. 선용맹아, 여래는 이미 이 위없는 법문과 악마들과의 경계를 그어서 악마들의 그물이 이 법문을 장애하지 못하게 하리라. 선용맹아 여래는 지금 이 법문에 의하여 모든 악마의 세력을 꺾느니라. 선용맹아, 여래는 이제 이 법문을 보호하여 모든 악마들이 침해하지 못하게 하느니라.

선용맹아, 만일 어떤 믿음이 조촐한 선남자 선여인이 이 법문을 받아 지니고 읽고 외우고 남에게 연설하면 온갖 악마가 침노하지 못하고 도리어 악마를 항복시킬 것이며, 어떤 보살들이 이 법문을 받아 지니고 읽고 외우고 널리 남에게 연설하면 온갖 마군을 두루 항복시키고 모든 유정에게 이익과 안락을 주리라.

선용맹아, 이러한 법문은 모든 더러움에 가리워진 유정들의 손으로는 얻을 바가 아니니라.

선용맹아, 이러한 법문은 악마의 그물에 끄달린 유정들의 행할 바가 아니니라.

선용맹아, 이 법문은 성품이 착하고 고르고 지극히 총명한 이의 행할 바이니라. 선용맹아, 지극히 고르고 부드럽게 길들은 코끼리와 말은 작은 왕 따위의 탈 바가 아니며, 또는 악에 가리웠을 때에 태어나는 것도 아니요. 오직 전륜왕이 탈바이며, 이 까닭에 그러한 때에만 나라는 것이 고르고 부드럽고 지극히 총명한 이라야 능히 이 깊은 법문을 수용하는 까닭에 이 법문이 그들의 손에만 들어가느니라.

이른바 듣고 받아 지니고 읽고 외우고 유정들에게 보여주고 분별하는 것이니, 그는 이 법에 대하여 큰 장엄을 이루고 크게 유통시키고 큰 법의 횃불이 되고 큰 법의 기쁨을 이루고 큰 법의 즐거움을 누리느니라.

선용맹아, 만일 반야바라밀다의 심히 깊은 법문에서 한 구절만 받아 지녀도 한량없는 공덕을 얻거늘, 하물며 이 대 반야경을 구족히 받아 지니고 거듭 읽고 쓰고 공양하고 퍼뜨리고 남에게 널리 연설하면 그 얻는 복덕은 부사의 하느니라. 선용맹아, 오직 성품이 부드럽고 지극히 총명한 이라야 이와 같은 법문을 받아들이거니와 만일 잘 길들지 않고 지극히 총명한 이가 아니면 이 심히 깊은 법은 그의 경계가 아니니라.

선용맹아, 나는 유정들이 모든 의혹을 끊기 위

해서 대 반야경을 말하였느니라.

이 법을 연설하실 때에 한량없고 수없는 보살 마하살이 본래 생겨나지도 않고 멸하지도 않는 실상 진여법계의 무생법인을 얻었고, 또 끝없는 유정들이 모두가 위없는 정등보리 수행하여 깨달아 성불하리라는 마음을 일으켰다.

그 때에 여래께서 저들이 결정코 위없는 정등보리를 증득하리라는 수기를 주셨다.

그 때에 부처님께서 이 경을 말씀하시기를 마치시니 선용맹 등 여러 큰 보살과 나머지 네 무리와 하늘·용·야차·건달바·아수라·가루라·긴나라·마후라가 사람인 듯 아닌 듯한 무리 등 온갖 대중들이 부처님의 말씀을 듣고 모두 크게 기뻐하면서 믿음으로 받아들여 받들어 행하였다.

"놓으면 순간에 깨달음 체험하는
팔만대장경의 핵심수행법"

대반야경

초판인쇄   2019년 8월   5일
초판발행   2019년 8월 15일

편   저   용담법륜
발   간   동천사
주   소   경북 상주시 화북면 용유리 262-1(용유 1길 28-9)
전   화   054-533-6395

발   행   도서출판 중도(신원식)
주   소   서울시 종로구 삼봉로81 두산위브 파빌리온 431호
전   화   (02) 2278-2240
등   록   2007. 2. 7. 제2-4556호

정가 : 17,000원

ISBN 979-11-85175-34-8

이 도서의 국립중앙도서관 출판예정도서목록(CIP)은 서지정보
유통지원시스템 홈페이지(http://seoji.nl.go.kr)와 국가자료
종합목록 구축시스템(http://kolis-net.nl.go.kr)에서 이용하
실 수 있습니다. (CIP제어번호 : CIP2019030034)